U0570830

【青少年探索·发现之旅丛书】

探索科学未解之谜

膳書堂文化 编著

中国地图出版社

中华地图学社

图书在版编目（CIP）数据

探索科学未解之谜 / 膳书堂文化编著. — 上海：
中华地图学社，2013.6（2020.8重印）

（青少年探索·发现之旅丛书）
ISBN 978-7-80031-753-8

Ⅰ.①探… Ⅱ.①膳… Ⅲ.①科学知识－普及读物
Ⅳ.①Z228

中国版本图书馆CIP数据核字(2013)第100664号

策划制作：膳书堂文化
责任编辑：宋永军
封面设计：红十月设计室

青少年探索·发现之旅丛书
探索科学未解之谜

出版发行：中国地图出版社 中华地图学社		经　销：新华书店	
社　址：上海市武宁路419号A座6楼		印　张：10	
邮政编码：200063		版　次：2013年6月第1版	
网　址：www.diyiditu.com		印　次：2020年8月北京第5次印刷	
成品规格：170mm×230mm		定　价：29.80元	
印刷装订：北京一鑫印务有限责任公司			

书　号：ISBN 978-7-80031-753-8

如发现印装质量问题，请与承印厂联系调换。

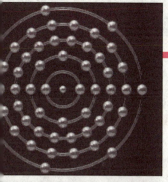

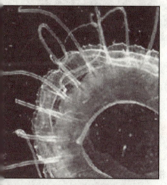

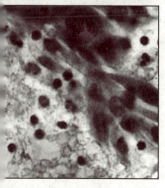

P 前言
reface

科学是人类在长期的实践活动中对自然界和客观世界的认识和改造世界的理论，它是人类社会进步演变到一定阶段的产物。按照严格的定义，科学是运用范畴、定理、定律等思维形式反映现实世界各种现象的本质和规律的知识体系，是人类意识形态之一。科学是人类永无止境地探索、实践，阶段性地趋于接近真理的活动，是一项成果的绝大部分有利于造福人类社会的高尚事业。

人类的知识是有限的，而科学的探索却是无限的。地球万物，大千世界，就像一个技艺高超的魔法师，总是在人们面前展现着不停地变异。我们所生活的世界，是一个不可思议的充满神秘的世界。这个世界不仅仅给我们提供了领略奥秘的机会，更为人们提供了一个广阔的探索空间。

科学最强调怀疑和创新，因为科学是以不存在先知先觉为前提的，而是以社会需要和人们的疑问为前提的。人们的需要和好奇心成就了科学，而科学也不断衍生出更多的疑问和困惑去让人们解答。世界变化不息，科学发展不止，科学总是在人类认识的基础上无限地在生长，关于科学的疑问也就越来越多。

这些在人类科学探索过程中出现的矛盾和问题，就成了困扰科学家们的科学谜题。虽然科学产生在人类意识领域范畴，但是它直接作用于客观和现实世界，并且产生影响，所以每一个谜题都和人类的现实世界有重要的联系和影响。

这些科学之谜是人类社会科学进步的钥匙，揭开了它们，人类社会的文明将会迈上一个个更高更新的台阶。让我们随着这本书走进这所科学的迷宫，去探索科学未知领域的奥秘，为人类的科学进步献策献力！

目录
Contents

1 第一章　生物医学领域

26 第二章　数学未解之题

第三章　物理学未解之题

67

第四章　化学未解之题

108

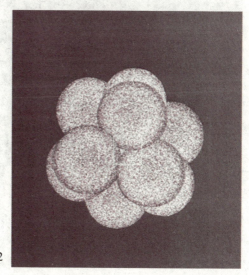

目录
Contents

134 第五章　心理学迷宫

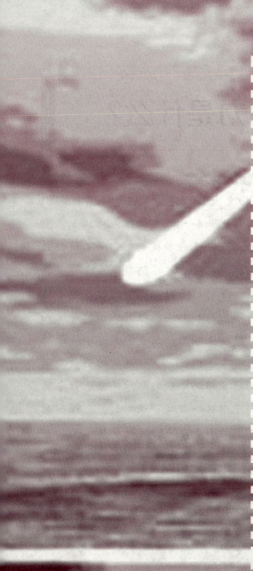

第一章

生物医学领域

　　生物医学是综合工程学、医学和生物学的理论和方法而发展起来的交叉边缘科学，基本任务是运用工程技术手段研究和解决生命科学。

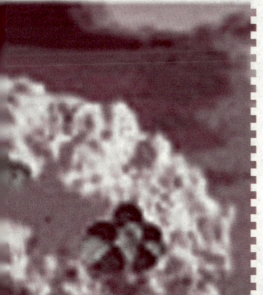

生物进化的驱动力是什么？

　　达尔文的《生物进化论》中所提出的"物竞天择，适者生存"一直是人们普遍认可的生物进化的驱动力。但是随着人们对生物和地球更加深入地认识，发现"优胜劣汰"并不是生物进化的唯一驱动力，生物多种多样的形态并不仅仅只是为了适应环境的需要而已，很多生物在适应环境的生存之后仍然发展出许多其他生物所不能具有的独特的特征。比如说人类，他的许多特征已经远远超越了适应环境的需要。因此，生物的进化还存在一些不为人知的偶然性因素，但是这些偶然性因素是什么，至今科学家们不能解释清楚。生物为什么是今天这个样子？恐怕其中真正的原因要比人们预先猜想的复杂得多。因此，生物进化的驱动力问题也成为困扰人们的一大迷题。从蝴蝶身上绚丽多彩的斑纹到彩虹一般色彩丰富的蜥蜴；从能够利用四肢间皮膜滑翔的松鼠到可以从一棵树"飞"到另一棵树的蛇，大自然的各个物种为了适应环境而进化出来的千奇百怪的特性令人咋舌。

探索
科学
未解之谜
tansuokexuaweijiedumi

　　达尔文的《生物进化论》中所提出的"物竞天择，适者生存"一直是人们普遍认可的生物进化的驱动力。但是随着人们对生物和地球更加深入地认识，发现"优胜劣汰"并不是生物进化的唯一驱动力，生物多种多样的形态并不仅仅只是为了适应环境的需要而已，很多生物在适应环境的生存之后仍然发展出许多的其他生物所不能具有的独特的特征。比如说人类，他的许多特征已经远远超越了适应环境的需要。因此，生物的进化还存在一些不为人知的偶然性因素，

但是这些偶然性因素是什么，至今科学家们不能解释清楚。生物为什么是今天这个样子？恐怕其中真正的原因要比人们预先猜想的复杂得多。因此，生物进化的驱动力问题也成为困扰人们的一大迷题。从蝴蝶身上绚丽多彩的斑纹到彩虹一般色彩丰富的蜥蜴；从能够利用四肢间皮膜滑翔的松鼠到可以从一棵树"飞"到另一棵树的蛇，大自然的各个物种为了适应环境而进化出来的千奇百怪的特性令人咋舌。

自然选择一直以来被科学家们认为是驱动进化方向的主要因素，也是创造了生物多样性的主要原因之一，但是我们能够把自然选择当成是创造这个丰富多彩的大自然的唯一原

☆ 生物进化的驱动力

因吗？纽约斯托尼布鲁克大学生态与进化学院的科学家马西莫·皮格留奇说："我们认为目前生物学中最伟大的未解之谜之一就是对自然选择的定位问题，自然选择到底是不是推进进化方向和创造物种多样性的唯一原因？也许还有我们未知的因素一直在发挥作用。我希望这种假设最终会成为现实，以丰富对我们生活的这个世界的深层了解。"

一些科学家列出了其他一些可能驱动生物进化的因素。皮格留奇博士说："在过去的二十年间，科学家们开始推测复杂的生物系统（如活体生物本身）的某些属性对进化有驱动作用，它们和自然选择的作用合在一起，使得原始生物进化出了眼睛、细菌鞭毛、翅膀或者是甲壳一类奇怪的特征，以适应环境的需要。"

这里我们引入一个叫做"显型可塑性"的概念，这种现象是指生物在适应环境的过程中，可以通过进化灵活地改变身体某一部分的特性，发育出新的器官和组织。但是这种差异不是在基因层面的，举个例子来说，蜜蜂的种群里工蜂和兵蜂的基因是完全一致的，但在发育的过程中不同的基因完成了性状表达，于是出现了这两种蜜蜂在行为和体征上的巨大差异，外界的环境因素，例如温度或是其在胚胎期的食物，都是促成工蜂和兵蜂

表达不同基因的原因。

这种"显型可塑性"的意义在于，在进化过程中有益的形状可以遗传给下一代，当显性特征不断遗传积累的时候，外界的自然环境就会帮助一个物种淘汰掉不适应环境需要的性状，而保持那些有竞争优势的后代。

有些研究学者认为，生物和非生物系统往往都具有一种自发的自我形成秩序的特性，这种自我组织的能力也是推进物种进化的动力之一，而且这种能力对生物来说还可以遗传给下一代。

生物的有序性的典型的例子是蛋白质的结构。我们知道蛋白质是一长串氨基酸在空间中扭转缠绕形成的，其空间结构决定蛋白质的特性。蛋白质的特性千变万化是因为其空间结构可以有无数种，如果蛋白质仅仅是由100个氨基酸组成的，它形成的形状就足以达到天文数字。蛋白质形状的转换是在几秒钟或是几分钟的时间里有序进行的，但这种转换顺序即使我们使用今天世界上最强大的超级计算机也无法计算出来，因为这种转换次序实在是太复杂了。

环境因素同样可以改变动物的外在特征和生活习性，这一现象吸引了很多科学家开展深入的研究。例如美国威斯康星大学麦迪逊分学的细胞生物学家西恩·卡罗尔就发现，东非的某些蝴蝶根据其破茧而出时的环境而呈现不同的颜色，在雨季羽化的蝴蝶一般都带有鲜艳的眼睛形状的花纹，而在旱季羽化的蝴蝶则呈现灰黯的保护色。

到目前为止，生物学家对生物从受精卵到成熟个体的发育过程都十分了解，但是在其发育过程中环境和基因因素如何发挥作用则一直不得而知。科学家研究了一种叫做红腹滨鹬的海鸟，发现部分鸟类也会根据迁徙

路线的不同改变某些生物性状。

当红腹滨鹬被关进笼子里放养到气候比较寒冷的地区的时候，这种鸟的飞行肌肉和部分器官就会萎缩，以减少热量的损失，而这种改变的特性可以遗传给下一代红腹滨鹬。

随着生物学、生态学、遗传学和计算机科学的综合发展，促进生物进化的各种因素和其在进化过程中所起

☆ 生物的进化

的作用都会越来越清楚，而达尔文提出的自然选择驱动的进化论会在发展中更加丰富正确。

·知识链接·

达尔文

查尔斯·罗伯特·达尔文（1809.2.12～1882.4.19），英国生物学家，生物进化论的奠基人。他以博物学家的身份，参加了英国派遣的环球航行，做了五年的科学考察。在动植物和地质方面进行了大量的观察和采集，经过综合探讨，形成了生物进化的概念。1859年出版了震动当时学术界的《物种起源》。

书中用大量资料证明了所有的生物都不是上帝创造的，而是在遗传、变异、生存斗争中和自然选择中，由简单到复杂，由低等到高等，不断发展变化的，提出了生物进化论学说，从而摧毁了唯心的"神造论"和"物种不变论"。恩格斯将"进化论"列为19世纪自然科学的三大发现之一（其他两个是细胞学说、能量守恒和转化定律）。

他所提出的天择与性择，在目前的生命科学中是一致通用的理论。除了生物学之外，他的理论对人类学、心理学以及哲学来说也相当重要。

是什么决定了物种的多样性？

这是一个充满生命的行星，但是并非每一个角落的生命都同样繁荣。一些地区居住的物种的数量超过其他地区，热带比寒带拥有更多样的物种。为什么会出现这种情况？仅仅是因为热带比寒带更热？科学家认为，生物和环境之间的相互作用对物种多样性起着关键的作用。当然，还有其他一些改变物种多样性的力量，例如捕食和被捕食的关系。但是，科学家首先面临的问题是如何获取关于全球物种多样性的基础数据——到底有多少种生物。

环境和生物的相互作用，生物之间的关系等这些因素和其他的力量到底如何共同作用形成了物种多样性？这至今是个谜。陆地和海洋中存在着无数的植物、动物和微生物。它们使这个世界变得完美：将阳光转化为能量，供给其他生物，并使碳和氮在无机和有机两种形式之间转化，改变着地球的景观。

在一些地方和一些群落中，存在着成百上千的物种，然而在其他地方和群落中，只有很少的物种存在。例如，比起高纬度地区，热带地区是一个物种的天堂。生物学家试图阐明这其中的原因。

什么是生物的多样性

首先我们来看看什么是生物的多样性。生物多样性指的是地球上生物圈中所有的生物，即动物、植物、

☆ 物种的多样性

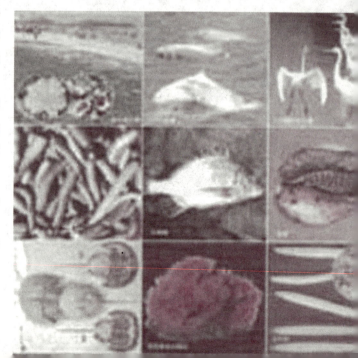

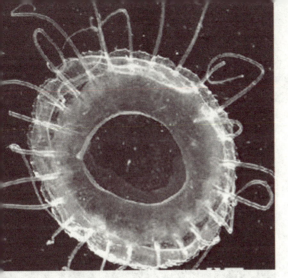

☆ 物种的多样性

微生物，以及它们所拥有的基因和生存环境。它包含三个层次：遗传多样性，物种多样性，生态系统多样性。

简单地说，生物多样性表现的是千千万万的生物种类。在地球上的热带雨林中生活着全世界半数以上的物种（约500万种），因此，那里的生物多样性最为丰富。我国的生物多样性主要表现在广东、广西、福建、四川、云南等地。

生物多样性具有很高的价值，它不仅可以为工业提供原料，如胶、油脂、芳香油、纤维等，还可以为人类提供各种特殊的基因，如耐寒抗病基因，使培植动植物新品种成为可能。许多野生动植物还是珍贵的药材，为治疗疑难病症提供了可能。

随着环境的污染与破坏，比如森林砍伐、植被破坏、滥捕乱猎、滥采乱伐等，目前世界上的生物物种正在以每天几十种的速度消失。这是地球资源的巨大损失，因为物种一旦消失，就永不再生。消失的物种不仅会使人类失去一种自然资源，还会通过食物链引起其他物种的消失。如今，全世界都在呼吁保护生物多样性并为之付诸行动。

你也是生物多样性的一部分。生物多样性使生命在这个行星上变得可能。没有生物多样性，你也不能在这个行星上生存。就算你可以生存下来，你也不可能喜欢这个灰暗的、无生气的、光秃秃的、无聊的世界。没有生物多样性，你不会感受到树林带给你的绿意、海洋带给你的蓝色，也不会有你呼吸的空气、吃的食物、喝的水。

几千年前，人类以及他们所驯养的动物——狗、猫、猪就开始与自然有了矛盾冲突。随着人口数量的增加和农业技术的提高，我们需要清除更多的森林，并且保护自己的庄园以防各种人们虚构的或是真实存在的危险发生。

在这过程中我们已经开始令一些物种灭绝了，一些是因为被用来做衣服、做食物；另外一些是因为人类害怕，从而杀戮；还有就是为了体育运动的需要。专家估计，我们现在物种灭绝的速度是动物自然灭绝速度的50～100倍。有一些物种灭绝得更快，大约是自然灭绝速度的1000～10000倍。

科学家们认为，如果我们不解决这个问题，34000种作物和5200种植物物种将会在未来的几年中灭绝。仅在欧洲，11000种高等植物中的2400种已经处于危险之中，而不仅仅是熊猫、熊与象。你大概知道一些鸟类物种，包括渡渡鸟已经灭绝了，但是你知道八分之一的鸟类都已经濒临灭绝了吗？

现在是继650万年前恐龙灭绝后最大的一场生物多样性危机。是我们的污染和损害物种的自然栖息地——生态系统，导致了这样的结果。地球上45%的森林已经被砍伐掉了，而其中大多数发生在过去的100年中。高达10%的珊瑚礁已经被破坏，三分之一可能在未来的十至二十年内倒塌。海洋渔场正在被无情破坏。

生物多样性丧失的几个原因

*对食物、能源和其他自然资源的不断增加的需求；

*对待生物多样性问题人类的无知与冷漠；

*短视行为，不考虑长期影响；

*空气、水、土壤污染；

*缺乏对生物多样性的经济利益的鉴别；

*在防止过度利用资源上及适当管理上的失败；

*人类移民、旅行、国际贸易的增加；

*过度捕杀及过度捕捞；

*收集珍稀蝴蝶、鸟类物种做标本。

对于人类的所作所为，地球只会承受，并忍耐着。问题是，人类作为一个物种并不是刀枪不入的。我们也许会认为人类是地球的主人，但是最

终地球不管有没有我们人类都会存在下去。它先于我们存在，也最终将存在，即使我们消失。

这不是夸张，这不是好莱坞的电影，也不是一个疯狂的环境主义者的天花乱坠的宣传。生物多样性丧失是这个星球的梦魇，我们正在这个噩梦

的中间，一个可能走向明亮的未来或是再也无法回头的地点。

❾ 到底什么使得多样性形成？

这是一个挑战，因为我们缺少最基本的数据。例如，我们至今不知道地球上到底存在多少植物和动物。研

☆ 树蛙

究者甚至还不能开始预测微生物的种类和数目。研究进化的科学家也缺少一个标准的时间尺度，因为进化的发生会从几天持续到几百万年。而且，同一个物种内的变化会跟两个相近物种之间的变化几乎相同。我们也不清楚什么样的基因变化会导致一个新物种的产生，基因对物种形成的真正影响到底是什么。

揭示多样性形成的原因需要全面的跨学科的合作，包括古生物学的提示，实地的考察，实验室的工作，基因组的比较和有效的数据分析。一些大的项目，比如联合国千年计划和世界范围内海洋微生物基因的鉴定，将增加基础的数据，但这些是远远不够的。

古生物学家已经在跟踪许多物种过去一千年内分布和聚集方面取得了一些成果。他们发现，地理分布在物种形成中起了重要作用。进一步的研究将继续揭示大范围的物种分布模式，这或许将对阐明大灭绝的原因和研究这些灾难对新物种的进化的作用带来希望。

通过对植物和动物的实地考察，研究者已经知道环境能够以加速或减慢物种形成的方式影响性状和行为——尤其是性选择。进化生物学家也发现物种形成过程会中断，例如，当分离的种群重新结合时，基因组会被匀质化（否则就会分化）。分子水平的力量，例如低的突变速率或者减数分裂的驱动——这些情况下特定的等位基因更可能从亲代传到子代——影响了物种形成的速率。

在一些情况下，一个生态系统内的多样性会发生变化：生态系统的边缘的物种多样性有时比中部更低。

对不同的生物群体，这些因素如何以不同的方式相互作用？进化生物学家的研究才刚刚开始，任务是严峻的。阐明多样性形成的原因对理解地球上正在发生的物种灭绝的本质和找到缓解的手段有非常重要的作用，对此我们的科学家们仍在努力探索之中。

·知识链接·

生态系统

生态系统指由生物群落与无机环境构成的统一整体。生态系统的范围可大可小，相互交错，最大的生态系统是生物圈；最为复杂的生态系统是热带雨林生态系统，人类主要生活在以城市和农田为主的人工生态系统中。生态系统是开放系统，为了维系自身的稳定，生态系统需要不断输入能量，否则就有崩溃的危险；许多基础物质在生态系统中不断循环，其中碳循环与全球温室效应密切相关；生态系统是生态学领域的一个主要结构和功能单位，属于生态学研究的最高层次。

生物体的再生

造物主的神奇力量我们处处都可以感受到。生物的再生就是其中一例。破损或者受害的部分器官和肢体通过一段时间可以自行修复，而且恢复得和未受伤之前的一模一样！相比之下，动物的再生功能要比人类强，壁虎被割断尾巴可以迅速自行长出，蜘蛛能长出断了的腿，鹿能长出被砍断了的角。人也有再生功能，如皮肤的伤口愈合，肝脏的自我修复……但是人类的此种功能远比有些动物差得多。到底是什么原因导致这种差别，又是什么力量控制着生物的器官再生呢？如果揭开了这个谜，人类的医学又将向前迈进一大步。

在自然界中，动物具有一种自动修复受损肢体和器官的办法，我们称之为"再生功能"。研究发现许多动物都有自我再生能力，特别是两栖动物和某些鱼，都能重新长出不同的部分身体。如蝾螈能长出断了的尾巴、脚、上下颚、眼球、视网膜、肠；斑马鱼能再长出它的鳍、鳞、脊髓和部分心脏；蜥蜴在受到攻击时，它可以弃掉部分或是整条尾巴，在三到四个月的时间内新的尾巴就可以再生出来；蝌蚪可以在几小时内再生出新的尾巴而不留下任何伤疤，不过，当蝌蚪长成青蛙时，这种功能就莫名其妙地消失了；切下海参的一点点肉就能长出一整个新海参；海星能长胳膊和大部分身体；蜘蛛能长出断了的腿；多肠目动物蛆被分割成许多部分后，每一部分都可以再生成为一个新的机

☆ 壁虎可以长出断尾

体，而且一次可以再生出300个新的机体；真涡虫是一种扁形虫，被切成1／279后仍能让每一个切片再生，成为完整的新真涡虫。

其实，所有哺乳动物也能重新修复其身体的破损部位，它们都能再生出肝脏。有报告称，一个人的肝脏手术切除75％之后，两到三个星期就能长到与原来差不多的大小。鹿能再长出鹿角，有一些鹿角的生长速度达到了一天2厘米，是动物器官再生速度最快的。还有人体指尖如果只砍掉了前端一点点，就有可能再生出来。更为神奇的是，母体内不超过六个月大的婴儿也有这种奇迹般的康复能力。科学家们发现，如果给母体内不超过6个月大的婴儿做手术，婴儿出生后，身上根本找不到手术留下的痕迹。但是，随着婴儿渐渐长大，这种完美无缺的康复功能也随之丧失。

这些动物的再生功能比任何精密的医学手术都神奇，令科学家们赞叹不已。但是为什么会出现这种神奇的再生，也令科学家们百思不得其解。多年来，人们一直在研究着生物界的这一神奇现象，但是至今也没有完全确切的结果。

通过多年的研究和分析，科学家终于发现，在再生的许多情况下，当成熟细胞在受伤处开始回归到不成熟状态时，再生就开始了。大量的不成熟细胞，如我们所知道的胚基，会再生出缺失的肢体，其过程就像动物开始孕育时胚胎的形成过程。

两栖类动物自我修复的"秘诀"是由于它们"未来器官"的细胞在初步成长时，并未完全发育，导致它们最终可以发育成肢体或者器官。也就是说，一种两栖动物的骨细胞、皮肤细胞和血液细胞的任何部位只要发生损坏，相应部位的细胞将转变为一些没有特征和区别的细胞，这些未完全发育的细胞将采取积极态度，自动快速转变成相应部位的完整细胞，最后，这些细胞将长成一只新的爪子或器官。

"尽管胚基的开始和胚胎的形成是两个明显独立的过程，但此两个过程会有某一点上交合。"伦敦大学的再生研究带头人杰里米·布鲁克斯表示。

如果胚基被移植到受伤部位，它就能从受伤部位的细胞中获得此部位是如何形成的指令，从而快速地治愈受伤部位，形成新的组织器官。如果胚基是由蝾螈的断爪子产生的，并被移植到了身体的其他地方，则就会在别处长出一个新爪子来。当然，人不能像蝾螈那样再长一个新的手脚，因为人没有形成胚基，因此，人体再生医学还很遥远。但再生研究人员相信，人类最终能够在未来的某一天具备再生能力。因为人类的细胞先天便已经具备了发育新肢体部位的能力。在胎儿发育过程中，人体内的细胞发展便证实了这一点。另外，细胞内的DNA也具备着新器官成长的"指示密码"。目前，人类的工作便是找到这些密码，像打开开关一样，将细胞的潜在功能挖掘出来。

科研人员发现，动物的再生机理基于动物的基因装备，只是这些基因因各种原因而在许多物种中废退了。他们觉得人体内一定潜藏着可以自愈创伤甚至再生组织的基因。眼下的首要任务就是确定令胎儿具有自愈功能的基因是什么，胎儿长大后，为什么会丧失这种宝贵的自愈功能。

印第安纳波利斯大学科学院的院长大卫·斯多康博士是一位生物学教

☆ 鹿角断后可以重新长出

授，他致力于研究能帮助蝾螈再生肢体的msx1基因，发现这种基因在再生过程中显得非常重要，它能帮助细胞保存在胚胎里，使之不会过早成熟。令人欣喜的是，研究人员在人体指尖内找到了这种基因。

还有剑桥生物医学诺华研究院的研究斑马鱼再生的专家马克·凯厅确定了斑马鱼鳍再生所必备的两种基因fgf20和hsp60。他发现后者在人体内也存在。这表明人体确实存在有再生基因，但这些基因不再发挥作用了。

研究人员认为，或许可以开发一些药物，注入人体后就能激活它们的行动。一旦人体受伤处的胚基被触发，再生肢体或器官就不需要更多的干预了。到那时，医生只需给肢体残疾人打一针，他（她）们失去的身体部位就能慢慢地再生出来。

或许这一天还要等上几十年，因为有关这一方面的研究还相对较少，对再生动物的基因认识还不充分，科学家对此关注度还不够……

探索
科学
未解之谜

tansuokexueyejiezhimi

· 扩展阅读 ·

两栖动物

两栖动物是最原始的陆生脊椎动物，既有适应陆地生活的新的性状，又有从鱼类祖先继承下来的适应水生生活的性状。多数两栖动物需要在水中产卵，发育过程中有变态，幼体（蝌蚪）接近于鱼类，而成体可以在陆地生活，但是有些两栖动物进行胎生或卵胎生，不需要产卵，有些从卵中孵化出来几乎就已经完成了变态，还有些终生保持幼体的形态。

两栖动物最初出现于古生代的泥盆纪晚期，最早的两栖动物牙齿有迷路，被称为迷齿类，在石炭纪还出现了牙齿没有迷路的壳椎类，这两类两栖动物在石炭纪和二叠纪非常繁盛，这个时代也被称为两栖动物时代。在二叠纪结束时，壳椎类全部灭绝，迷齿类也只有少数在中生代继续存活了一段时间。进入中生代以后，出现了现代类型的两栖动物，其皮肤裸露而光滑，被称为滑体两栖类。

现代的两栖动物种类并不少，超过4000种，分布也比较广泛，但其多样性远不如其他的陆生脊椎动物，只有3个目，其中只有无尾目种类繁多，分布广泛。每个目的成员也大体有着类似的生活方式，从食性上来说，除了一些无尾目的蝌蚪食植物性食物外，均食动物性食物。两栖动物虽然也能适应多种生活环境，但是其适应力远不如更高等的其他陆生脊椎动物，既不能适应海洋的生活环境，也不能生活在极端干旱的环境中，在寒冷和酷热的季节则需要冬眠或者夏蛰。

人体基因结构

　　每个人体都有一个基因链条，这个链条上有3900多种核酸、氨基酸和脱氧核酸。这些核酸的排列不同，就构成了生命多种多样的形态和特点。但是这些基因是如何排列的，至今仍然是一个未解之谜。到目前为止，人类只解密了其中的一百多种结构，而人类目前所知的基因结构至少有十万种之多。如果将这些基因结构全部揭开，人类的生命和物种的起源之谜都将迎刃而解。对它的研究有助于人类认识自身、掌握生老病死规律、疾病的诊断和治疗、了解生命的起源。1985年，美国已经率先启动了"基因组计划"，但是这项解谜工作至今仍然在科学家们的艰苦努力和探索中。

　　美国科学家沃森和英国科学家克里克，1955年辨认出人的基因存储在一个螺旋形的大分子中，为此获得了诺贝尔奖。

　　现代遗传学家认为，基因是DNA（脱氧核糖核酸）分子上具有遗传效应的特定核苷酸序列的总称，是具有遗传效应的DNA分子片段。基因位于染色体上，并在染色体上呈线性排列。基因不仅可以通过复制把遗传信息传递给下一代，还可以使遗传信息得到表达。不同人种之间头发、肤色、眼睛、鼻子等不同，是基因差异所致。

　　人体基因的排列顺序称为基因组，这个基因组就像一幅神秘的地图，揭开了这个基因的秘密就相当于揭开了人类生命的奥秘，也揭开了物种起源的秘密。

　　人类只有一个基因组，大约有5万个～10万个基因。人类基因组计划是美国科学家于1985年率先提出的，旨在阐明人类基因组30亿个碱基对的序列，发现所有人类基因并搞清其在染色体上的位置，破译人类全部遗传信息，使人类第一次在分子水平上全面地认识自我。计划于1990年正式启动，这一投入30亿美元的计划的目标是，为30亿个碱基对构成的人类基因组精确测序，从而最终弄清楚每种基因制造的蛋白质及其作用。打个比方，这一过程就好像以步行的方式画

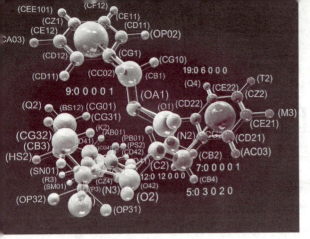

以下标注出现在图中：

(CEE101) (CF12) (CE11) (CD11) (OP02) (CZ1) (CE12) (CA03) (CD12) (CG1) (CG10) (CD11) (CC02) (CB1) 19:0 6 0 0 0 (Q4) (CE22) (T2) (CZ2) 9:0 0 0 0 1 (OA1) (O1) (CD22) (M3) (Q2) (BS12) (CG01) (CE21) (CG31) (K2) (CG32) (AB01) (PB01) (CD21) (CB3) (HS2) (CG4) (PS2) (N2) (AC03) (SN01) (D41) (PD42) (CB2) 7:0 0 0 0 1 (R3) (O41) (C2) (SM01) (CZ4) 12:0 12 0 0 0 (CB4) (OP32) (P3) (N3) (O2) (O42) 5:0 3 0 2 0 (OP31)

☆ 人体基因图

出从北京到上海的路线图，并标明沿途的每一座山峰与山谷。虽然很慢，但非常精确。基因是具有独特的双螺旋结构的长链，这条长链是由4种脱氧核苷酸分子连接而成的控制生物遗传性状的最基本单位，生物所有的遗传信息和遗传性状都隐藏在其中。

现代遗传学认为，基因是遗传的基础，它决定了人体的各种性状。例如亚洲人有黑眼珠，而欧洲人则为蓝眼珠，此外人的身高、相貌等大都由基因决定。

不仅如此，人类所患的疾病有许多是基因病，基因与疾病有密不可分的联系。

基因病又叫做遗传病，也可说是由于遗传物质的变化而产生的疾病。然而根据人们以往的理解，遗传病是与生俱有的，也就是说这种疾病是从父母那里遗传而来的。随着现代分子生物学的发展，人类对遗传病有了更加深入的了解。目前认为遗传病既有从父母那里遗传而来的可能性，也

有不从父母那里遗传而来的可能性。例如尿黑酸症等病，它们既属于基因病也属于遗传病，可从父母那里遗传而来；然而人人都怕的癌症就是基因病，它不是从父母那里遗传而来的，而是由于在出生后的成长过程中病毒感染或其他原因引起基因改变而产生的。

在人类基因组计划完成的基础上，随着人类对自身基因了解的不断深入，科学家可以根据每个人独特的基因图谱判断人的健康情况，并且预测他患某种潜在疾病的可能性。通过这种判断和预测，人们可以进行有效的预防；或是采用基因技术，向人体导入功能基因，修补、改变相应的缺陷基因，达到治疗的目的；或是根据由基因图谱提供的遗传信息，最终解决长期以来一直困扰着人类的一些遗传性疾病，如糖尿病、肥胖症、精

☆ 人体基因组图

探索
科学
未解之谜
tansuokexueyijiezhimi

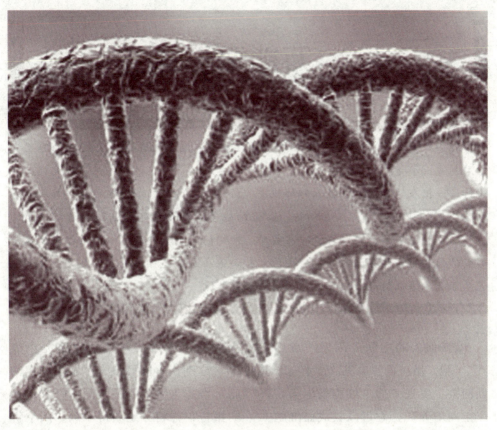

☆ 人体基因链图

神病等。也许在不远的将来，活到一百五十岁将不仅仅是人们的梦想。除此之外，根据癌症、心脏病等疾病的病因，科学家可以在人类基因组计划的帮助下，有针对性地研制和开发价廉物美的基因工程药物。

· 扩展阅读 ·

遗传学

　　遗传学是研究生物的遗传与变异的科学，研究基因的结构、功能及其变异、传递和表达规律的学科。遗传学中的亲子概念不限于父母子女或一个家族，还可以延伸到包括许多家族的群体，这是群体遗传学的研究对象。遗传学中的亲子概念还可以以细胞为单位，离体培养的细胞可以保持个体的一些遗传特性，如某些酶的有无等。对离体培养细胞的遗传学研究属于体细胞遗传学。遗传学中的亲子概念还可以扩充到DNA脱氧核糖核酸的复制甚至mRNA的转录，这些是分子遗传学研究的课题。

万能细胞

在上个世纪中期，生物学家把青蛙的体细胞核放入青蛙的去核卵细胞里，结果制造出了克隆蝌蚪。最近几年，关于人类胚胎干细胞的研究正在热火朝天地进行——把人的体细胞核放入卵细胞中，科学家期待着制造出各种各样的人体类细胞，例如神经细胞、成骨细胞、心肌细胞等等，这样的细胞被称为"万能细胞"。尽管科学家已经取得了一些成功，他们仍然对于这种体细胞核移植技术能够成功的原因知之甚少。的确，去核的卵细胞在这个过程中扮演着至关重要的角色。可是具体机制是什么？仍然是一个未解之谜。

从任何人的皮肤上刮下一点点细胞，撒在培养皿里，过上三个星期回来，发现一群干细胞长出来，再"定向培养"，它可以长成血细胞、脑细胞，甚至精子、骨骼和内脏……

不，这不是最新档的外星人科幻大片。它在理论上已成为可能。

美国和日本的两个研究小组2007年11月20日分别发表论文，宣布成功把普通的人体皮肤细胞转化为了具备胚胎干细胞功能的新型"万能细胞"。这一被学界称为生物科学"里程碑"的重大突破，有望帮助科学家绕过克隆技术的伦理、道德纷争，为医学应用打开大门。

来自美国威斯康星大学詹姆斯·汤姆森实验室和日本京都大学再生医学研究所的两个独立研究小组20日分别在美国《科学》杂志和《细胞》杂志上发表了关于同一研究成果的报告，并将分别获得专利。两个研究小组都是从人体中提取了一种名为"纤维原细胞"的皮肤细胞，然后向其中植入四种新基因，从而制造出一

☆ 人类胚胎干细胞

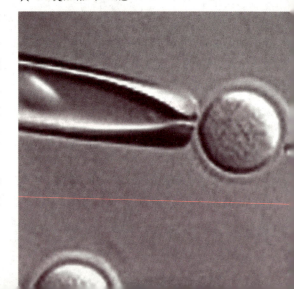

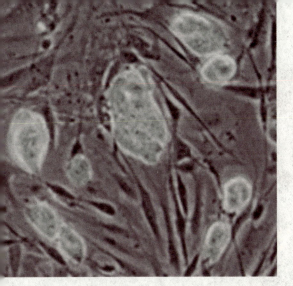

☆ 干细胞

种名为IPS的细胞，它具有类似胚胎干细胞的功能，能够最终培育成人体组织或器官。

所不同的是，詹姆斯·汤姆森实验室的"纤维原细胞"来自一名新生儿的阴茎包皮，而由京都大学教授山中伸弥领导的研究小组则是从一名36岁女性的脸部提取的细胞。

不过，美日两个研究小组都表示，目前人工培育出的"万能细胞"还不能用于人类，因为他们在植入"重组基因"的过程中使用了逆转录酶病毒，这种病毒可能导致基因变异，有引发肿瘤等副作用。据悉，美国汤姆森实验室有多位中国科学家，记者连线了领导"万能细胞"研究的中国女科学家俞君英博士。

俞君英说，这次的突破其实是一个新的开始，打开了人类更广范围利用细胞进行研究的新局面。

俞君英出生在浙江诸暨，毕业于北京大学，1997年赴美国宾夕法尼亚大学留学，2003年加入汤姆森研究室，开始皮肤细胞"改造"成胚胎干细胞的研究工作。

据介绍，汤姆森实验室始建于1998年，由美国国家健康部门和地方基金会资助，现有约17位研究人员，该实验室由曾经成功分离干细胞的美国科学家汤姆森主持。

领导美国科研小组制造"万能细胞"的是一个中国人——浙江籍的女科学家俞君英。俞君英在接受记者专访时说，这项技术为干细胞研究找到了新的开始，可能会拿诺贝尔奖。这一成果的问世，由克隆胚胎干细胞研究引发的伦理争论，有望就此逐渐平息。找到研究突破口，俞君英从2005年起开始将人体皮肤细胞改造为干细胞的研究，她说，做这项研究主要出于三个方面的考虑。首先，干细胞研究一直存在争议。因为用之前的技术手段提取干细胞就要破坏胚胎，而人体胚胎克隆技术也引发伦理争议。而如果能让人体皮肤细胞退回到原始的干细胞，就能避免这种争论。其次，从病人身体上提取的细胞如果能改造为干细胞，其功能类似通过胚胎克隆技术取得的胚胎干细胞，能够最终培育成人体组织或器官，这就可以成为为病人进行器官移植手术的供体。第三，这种干细胞可以成为药物

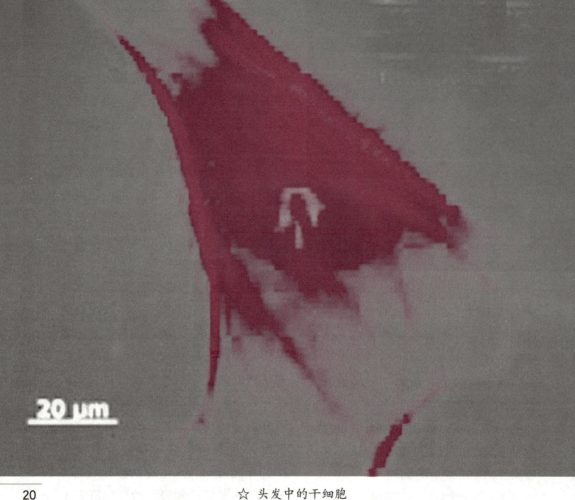

20 μm

探索
科学
未解之谜

tansuokexuaweijiezhimi

☆ 头发中的干细胞

检测的最佳试验品。每个病人的遗传背景不一样，从病人自身提取的细胞经过改造，成为干细胞后，就能准确测出药物对病人的影响。有了最初的设想，还要有适当的技术手段。俞君英说，用改造皮肤细胞的方法制造干细胞是她在做之前的项目时想到的，"我想，干细胞研究方面如果要有突破，那就要从改造其他细胞的角度入手"。

一直以来，如果想要获得人类胚胎干细胞，就必须损坏人类胚胎，

这一点颇受非议。这次人体皮肤细胞"直接改造"技术跨越伦理障碍。

科学家认为，将人体皮肤细胞改造成几乎与胚胎干细胞具有同样功能的干细胞，意味着有关技术进一步成熟。

相比之下，胚胎干细胞研究不仅难度极大，而且面临着太多伦理、法律等方面的争议。美国总统布什已经两度否决了放宽联邦政府资助胚胎干细胞研究的法案，认为美国纳税人的钱不能用于"故意摧毁人类胚胎"。

学界对这一研究则给予高度评价。因为这种被称为"直接改造"的技术不仅能避免人体胚胎克隆技术引发的伦理争议，其高效、便利也为进一步医学应用打开了大门。

但是这项成果的具体机理是什么，能否真正应用于现实，还有待于科学家进一步研究。

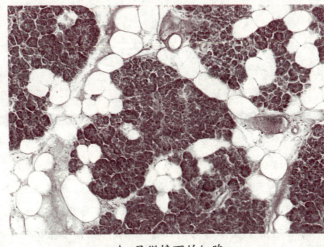

☆ 显微镜下的细胞

·知识链接·

克隆

科学家把人工遗传操作动物繁殖的过程叫"克隆"，这门生物技术叫"克隆技术"，其本身的含义是无性繁殖（中国大陆的翻译），即由同一个祖先细胞分裂繁殖而形成的纯细胞系，该细胞系中每个细胞的基因彼此相同。

克隆也可以理解为复制、拷贝和翻倍（港澳台的意译），就是从原型中产生出同样的复制品，它的外表及遗传基因与原型完全相同，但大多行为、思想不同。时至今日，"克隆"的含义已不仅仅是"无性繁殖"，凡是来自同一个祖先，无性繁殖出的一群个体，也叫"克隆"。这种来自同一个祖先的无性繁殖的后代群体也叫"无性繁殖系"，简称无性系。简单讲就是一种人工诱导的无性繁殖方式。但克隆与无性繁殖是不同的。克隆是指人工操作动物繁殖的过程，无性繁殖是指：不经过两性生殖细胞的结合由母体直接产生新个体的生殖方式，常见的有孢子生殖、被子生殖、出芽生殖和分裂生殖。由植物的根、茎、叶等经过压条、扦插或嫁接等方式产生新个体也叫无性繁殖。绵羊、猴子和牛等动物没有人工操作是不能进行无性繁殖的。另外，花药离体培养成单倍体，不受精的卵细胞孤雌发育成个体如雄蜂雄蚁，叫做单性繁殖，严格来说也不算克隆。而试管婴儿由于有受精过程所以也不属于克隆。

人体有多大潜力?

一个普通人突然跳上两米高的高台,一个中年妇女搬起一百多公斤的重物……这些事情在平常人眼中是不可能发生的,但是,在特殊的情况下,特别是紧急状态下,这些事情却的确发生了,这就是人体潜力被激发的结果。科学研究证明,人体内的很多器官和系统都有着巨大的潜力,只是不易被人察觉。人们平时只运用了人体潜力的10%~20%,但是其余80%~90%的潜力都还没有发挥出来。如果能够发挥出人类所有的潜力,那么人们将会取得比目前大得多的成就。但是有关潜力的众多谜题现在仍在研究之中。

人体的潜力是指人体内暂时处于潜在状态还没有发挥出来的力量。科学家发现,人体的潜力相当惊人,有待于人们研究、挖掘。

人在危急关头,往往能充分发挥体内的潜在能力。一位飞行员因飞机故障迫降了,正当他在地面察看飞机起落架时,突然有头白熊抓住了他的肩头。飞行员在情急之中,竟然一下子跳上了离地2米高的机翼。令人不可思议的是,他是穿着笨拙的皮鞋、沉重的大衣和肥大的裤子跳上去的。一位五十多岁的妇女在烈火蔓延之际,抱起一个超过她体重的、装有贵重物品的柜子,一口气从十楼搬到了楼外的地上。等到大火被扑灭后,她却怎么使劲也搬不动那个柜子了。

科学家早已发现,人体有着惊人的潜力。美国波士顿有一位八十岁的老翁,一次在马路上不幸被卡车撞死。医生在做尸检时发觉老人体内的许多脏器早已发生严重病变:血管明显硬化;心脏扩大,几乎超过正常人的一倍;肺部有结核病变;两侧慢性肾炎;肝脏血管阻塞,已产生侧支循环。其中,每一种病变几乎都可以置他于死地。然而,死者生前一直生活得很好,并走亲访友,四处活动。这一奇迹是怎么出现的呢?医学家认为,人体许多器官都有很大的潜力,万一器官的一部分损坏了,另外的部分就会取而代之,继续维持正常的功能。

正常人在安静情况下,心脏每分

钟输出的血量为5000毫升左右。某些疾病可使之减少到每分钟输出1500毫升，却仍能维持生命。剧烈运动时，心跳快而有力，每分钟可输出血液20000毫升以上。一个训练有素的运动员，心脏每分钟的输血量可高达35000毫升，是平静状态下正常人的七倍。由此可见，心脏的潜力是多么大！

1926年，苏联成立了专门研究列宁大脑的研究所。此后，基洛夫、加里宁、马雅可夫斯基、巴甫洛夫、爱因斯坦和斯大林等杰出人物的大脑，都先后送到这个大脑研究所进行过研究。

脑科学告诉我们，人的脑大约有1000亿个神经细胞，其中组成大脑皮质的细胞就有140亿个。据研究，一秒钟内，大脑会发生10万种不同的化学反应。在这些星罗棋布的神经细胞中，每一个都与其他一万多个细胞保持着联系。难怪大脑仅占人体重量的2%，却要消耗人体1／4的氧气和1／5的营养物质，成为人体的"大食客"了。

在智力方面，人的大脑大约共有１４０亿个神经细胞。而经常活动和运用的不过１０多亿个，还有８０％～９０％的神经细胞在"睡大觉"，尚未很好地发挥作用。有些脑科学家认为，人的大脑细胞被开发的只占10%，即便人高度紧张和兴奋时，也有大约50%的脑细胞处于休眠状态。苏联学者叶夫莫雷夫指出："人的潜力之大，令人震惊万分。如

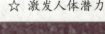

☆ 激发人体潜力

果人们迫使大脑开足一半马力，那么我们就能毫不费力地学会四十种语言，把《苏联大百科全书》从头到尾背下来，完成几十个大学的课程。"如此看来，发掘大脑潜能研究的前景将是何等迷人！

肾脏是制造尿液的器官。它的制尿部位是由许多肾单位组成的。一个肾脏大约有100多万个肾单位。通常，每个人都有两个肾脏，左右各一。据统计，每550人中就有一个单肾人，他们大多能正常生活。有些医学家认为，只要有30%～40%的肾单位在正常工作，人就可以高枕无忧了。前苏联有个叫巴巴扬的男子，在卫国战争时腰部中弹负过伤，不久伤口就痊愈了。以后的几十年中，他除了有时觉得腰部有点疼痛外，一直很健康。一次，他突然腰痛发作，被送进了医院。医生在他的右侧肾脏里发现了那颗子弹。子弹取出后，巴巴扬又像正常人那样生活着。这位男子带着肾脏里的子弹生活了四十年，实在让人吃惊。

消化道的潜力也很惊人。在消化道中，以小肠最长。它卷缠盘绕，长5米～8米。小肠内壁有皱折，还有如天鹅绒似的绒毛，这能使肠表面积增加600倍，使消化和吸收能力大为提高。据报道，一位奥地利海员因病切除了肠道的15/17，剩下的肠道，仍能挑起消化和吸收的重担。

人的毛细血管，占全身血管总长度的90%，它的血容量比动脉里的血要高600至800倍。但是，在一般状态下，只有1/5到1/4的毛细血管开放，其余全部闭合，处于没有发挥作用的状态。人体肺脏中的肺泡，经常使用的也只是其中一小部分。不论是血液循环系统，还是呼吸系统，潜力都是很大的。通过锻炼身体可以发挥潜力，提高肺活量和增大血管容积。

人在遇到紧急情况时会发挥出平时所没有的力量，如为了救人，一个弱女子猛地举起了重物；一个老婆婆在夜间碰上恶狼，结果将狼打死。这都是人体潜力在紧急关头发挥出来的结果。原来，人体的肌肉和肝脏里在平时贮存着大量的"三磷酸腺苷"，简称ATP。这种ATP就是能量的来源。在正常情况下，人体只需要一部分ATP提供能量就可以了。一旦遇到紧急情况，大脑就会发出命令，让全身所有的ATP立即释放出来。命令下达后，身体能量剧增，就能做出平时想象不到的事情来。

科学家估计，目前世界上大约有5%以上的疾病不需要治疗就能自愈，这也被认为是人体潜力的作用。这种潜力包括人体免疫系统的防御作用和自身稳定作用等。能不能让更多的疾病不经治疗而自愈呢？这是现代医学探讨解决的问题。比如癌症，现在被认为是"不治之症"，可是也有靠人体潜力使癌细胞消退的例子。人体使癌细胞消退的潜力在哪里？这还是一个谜。人体的潜力对适应环境、战胜困难、恢复健康来说，是极为重要的。身心的锻炼，是增强人体潜力的重要方法。比如，经常参加体育锻炼的人，心肺的潜力要比长期静止不动的人大得多。经常用脑的人，记忆力和判断力会大为提高。

信心和意志是开发潜力的有力武器。有些病入膏肓的人没有被疾病吓倒，而是用乐观精神面对现实，表现出顽强的求生意志。这时，他体内的各种抗病潜力被动员起来，结果创造了医学史上的奇迹。

德国有个叫纽曼的男子，在做胸部X线检查时，医生预测他将不久于人世，但纽曼并不介意，依然乐呵呵地到世界各地去观光旅游。二十年以后，他仍然活着，还成了国外一家报社的特约通讯员。

人们虽然认识了潜力并且感受到了它的巨大威力，但是潜力从何处而来，它又是如何发挥作用的，至今仍然是一个未解之谜。如果有一天人类的潜力之谜被解开，相信人的能力会更强。

· 扩展阅读 ·

潜意识

潜意识（心理学家西格蒙德·弗洛伊德在其《精神分析学》一书中首先提出），是指潜藏在我们一般意识底下的一股神秘力量，是相对于"意识"的一种思想。又称"右脑意识"、"宇宙意识"，脑内革命作者春山茂雄则称它为"祖先脑"。潜意识，也就是人类原本具备却忘了使用的能力，这种能力我们称为"潜力"，也就是存在但却未被开发与利用的能力。潜能的动力深藏在我们的深层意识当中，也就是我们的潜意识。

弗洛伊德所谈的潜意识，是一种与理性相对立存在的本能，是人类固有的一种动力，他认为，人类有一种本能，也就是追求满足的、享受的、幸福的生活潜意识。这种潜意识虽然看不见摸不着，却一直在不知不觉中控制着人类的言语行动。在适当的条件下，这种潜意识可以升华成为人类文明的原始动力。

☆ 科学工作者在做各种实验来探究人的潜能

第二章
数学未解之题

　　数学是研究数量、结构、变化以及空间模型等概念的一门学科。通过抽象化和逻辑推理的使用，由计数、计算、量度和对物体形状及运动的观察中产生。数学也是基础性科学之一，很多学科都是在数学的基础上诞生的。人类社会文明发展从古至今，数学已经取得了很大的成就，从最初的自然数诞生到现在微积分、高等数学的诞生，都是人类智慧的印证和结晶。同时，数学就像一个包含了各种谜题的王国，到处充满了玄妙而有趣的问题和现象：从古代的"五家共井"到现代的哥德巴赫猜想、梅森素数……数学当中的难题总是吸引着无数的人来研究和解答。

哥德巴赫猜想

在所有的数学谜题当中，最广为人知而且最大的一个谜题就是"哥德巴赫猜想"。这个谜题自18世纪被提出以来，已经困扰了人们两个多世纪，现在仍旧没有得到彻底的证明。而这个猜想的每一步证明都会成为科学界的一大轰动事件，因而被称为数学王冠上的"宝石"。据说谁要是破解了哥德巴赫猜想，谁就是当今世界当之无愧的"数学之王"，因此不少人对这个谜题跃跃欲试，更有千万个数学家正在对它苦思冥想……大家都静心期待着这一数学大谜题被解开的一天。

要懂得哥德巴赫猜想是怎么一回事？只需把早先在小学三年级里就学过的数学再来温习一下。那些1、2、3、4、5，个十百千万的数字，叫做正整数。那些可以被2整除的数，叫做偶数。剩下的那些数，叫做奇数。还有一种数，如2，3，5，7，11，13等等，只能被1和它本身而不能被别的整数整除的，叫做素数。除了1和它本身以外，还能被别的整数整除的，这种数如4，6，8，9，10，12等等就叫做合数。一个整数，如能被一个素数所整除，这个素数就叫做这个整数的素因子。如6，就有2和3两个素因子。如30，就有2，3和5三个素因子。

哥德巴赫是德国数学家；出生于格奥尼格斯别尔格（现名加里宁城）；曾在英国牛津大学学习；原学

☆ 数学家哥德巴赫

法学，由于在欧洲各国访问期间结识了贝努利家族，所以对数学研究产生了兴趣；曾担任中学教师。1725年，到了俄国，同年被选为彼得堡科学院院士；1725～1740年担任彼得堡科学院会议秘书；1742年，移居莫斯科，并在俄国外交部任职。1729～1764年，哥德巴赫与欧拉保持了长达三十五年的书信往来。

1742年，哥德巴赫写信给欧拉时，提出了：每个不小于6的偶数都是两个素数之和。例如，6＝3＋3。又如，24＝11＋13等等。有人对一个一个的偶数都进行了这样的验算，一直验算到了三亿三千万之数，都表明这是对的。但是更大的数目，更大更大的数目呢？猜想起来也该是对的。猜想应当证明。要证明它却很难很难。

整个18世纪没有人能证明它。

整个19世纪也没有人能证明它。

到了20世纪的20年代，问题才开始有了点儿进展。

很早以前，人们就想证明，每一个大偶数是两个"素因子不太多的"数之和。他们想这样子来设置包围圈，想由此来逐步、逐步证明哥德巴赫这个命题——一个素数加一个素数（1＋1）是正确的。

就像许多著名的数学未解问题，对哥德巴赫猜想有不少宣称的证明，但都未为数学界所接受。

因为哥德巴赫猜想容易为行外人理解，这一直是伪数学家一个很普遍的目标。他们试图证明它，或有时试图反证它，使用的仅是高中数学。它和四色定理、费马最后定理遭遇相同，后两问题都易于叙述，但其证明则非一般地繁复。

像哥德巴赫猜想这类问题，不能排除以简单方法解决的可能，但以专业数学家对这类问题所花费的大量精力，第一个证明并不可能容易得出。

从6＝3＋3、8＝3＋5、10＝5＋5、……、100＝3＋97＝11＋89＝17＋83、……这些具体的例子中，可以看出哥德巴赫猜想都是成立的。有人甚至逐一验证了3300万以内的所有偶数，竟然没有一个不符合哥德巴赫猜想的。20世纪，随着计算机技术的发展，数学家们发现哥德巴赫猜想对于更大的数依然成立。可是自然数是无限的，谁知道会不会在某一个足够大的偶数上，突然出现哥德巴赫猜想的反例呢？于是人们逐步改

☆ 我国数学家陈景润变了探究问题的方式。

1900年，20世纪最伟大的数学家希尔伯特，在国际数学家大会上把"哥德巴赫猜想"列为二十三个数学难题之一。此后，20世纪的数学家们在世界范围内"联手"进攻"哥德巴赫猜想"堡垒，终于取得了辉煌的成果。

20世纪的数学家们研究哥德巴赫猜想所采用的主要方法，是筛法、圆法、密率法和三角和法等等高深的数学方法。解决这个猜想的思路，就像"缩小包围圈"一样，逐步逼近最后的结果。

1920年，挪威数学家布朗证明了定理"9＋9"，由此划定了进攻"哥德巴赫猜想"的"大包围圈"。这个"9＋9"是怎么回事呢？所谓"9＋9"，翻译成数学语言就是："任何一个足够大的偶数，都可以表示成其他两个数之和，而这两个数中的每个数，都是9个奇质数之乘积。"从这个

"9＋9"开始，全世界的数学家集中力量"缩小包围圈"，当然最后的目标就是"1＋1"了。

1924年，德国数学家雷德马赫证明了定理"7＋7"。很快，"6＋6"、"5＋5"、"4＋4"和"3＋3"逐一被攻陷。1957年，中国数学家王元证明了"2＋3"。1962年，中国数学家潘承洞证明了"1＋5"，同年又和王元合作证明了"1＋4"。1965年，苏联数学家证明了"1＋3"。

1966年，中国数学家陈景润攻克了"1＋2"，也就是："任何一个足够大的偶数，都可以表示成两个数之和，而这两个数中的一个就是奇质数，另一个则是两个奇质数的乘积。"这个定理被世界数学界称为"陈氏定理"。

由于陈景润的贡献，人类距离哥德巴赫猜想的最后结果"1＋1"仅有一步之遥了。但为了实现这最后的一步，也许还要历经一个漫长的探索过程。有许多数学家认为，要想证明"1＋1"，必须通过创造新的数学方法，以往的路很可能都是走不通的。

有很多非专业数学爱好者试图证明这个猜想，但是这些证明往往被看做民间"猜想"爱好者不自量力的举动。专业数学研究者认为证明这一猜想需要深刻的数论理论知识，然而几乎所有的民间数学爱好者的"证明"使用的数学工具往往仅仅是初等数学或者微积分。如今，哥德巴赫猜想仍然是众多科学家正在寻找方法证明的"谜题"。

·知识链接·

素数

质数又称素数，指在一个大于1的自然数中，除了1和此整数自身外，不能被其他自然数整除的数。素数在数论中有着很重要的地位。比1大但不是素数的数称为合数。1和0既非素数也非合数。质数与合数是相对立的两个概念，二者构成了数论当中最基础的定义之一。基于质数定义的基础之上而建立的问题有很多世界级的难题，如哥德巴赫猜想等。算术基本定理证明每个大于1的正整数都可以写成素数的乘积，并且这种乘积的形式是唯一的。这个定理的重要一点是，将1排斥在素数集合以外。如果1被认为是素数，那么这些严格的阐述就不得不加上一些限制条件。

偶数

整数中，能够被2整除的数，叫做偶数，正的偶数又称双数。偶数包括正偶数、负偶数和0。所有整数不是奇数（正的奇数又称单数），就是偶数。当n是整数时，偶数可表示为2n（n为整数）；奇数则可表示为2n＋1（或2n−1）。

"四色地图"猜想

和"哥德巴赫猜想"及"费马定理"同时出名的，就是"四色图问题"，这个问题的内容很简单，就是"任何一张地图只需要四种颜色就能区别开上下左右不同的国家"。用数学语言表示，即"将平面任意地细分为不相重叠的区域，每一个区域总可以用1，2，3，4这四个数字之一来标记，而不会使相邻的两个区域得到相同的数字。"……数学家们花了一百多年的时间去证明它，现今仍然有人在寻求更简洁的证明方法。

四色问题又称四色猜想，是世界近代三大数学难题之一。

四色问题的内容是："任何一张地图只用四种颜色就能使具有共同边界的国家着上不同的颜色。"用数学语言表示，即"将平面任意地细分为不相重叠的区域，每一个区域总可以用1，2，3，4这四个数字之一来标记，而不会使相邻的两个区域得到相同的数字。"这里所指的相邻区域，是指有一整段边界是公共的。如果两个区域只相遇于一点或有限多点，就不叫相邻的。因为用相同的颜色给它们着色不会引起混淆。

四色猜想的提出来自英国。1852年，毕业于伦敦大学的弗南西斯·格思里来到一家科研单位搞地图着色工作时，发现了一种有趣的现象："看

来，每幅地图都可以用四种颜色着色，使得有共同边界的国家都被着上不同的颜色。"这个现象能不能从数学上加以严格证明呢？他和在大学读书的弟弟格里斯决心试一试。兄弟二人为证明这一问题而使用的稿纸已经堆了一大沓，可是研究工作没有进展。

1852年10月23日，他的弟弟就

☆ 四色问题图1

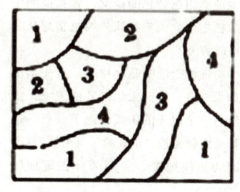

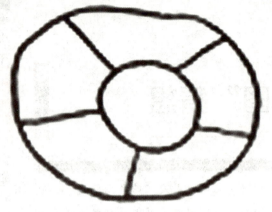

☆ 四色问题图2

这个问题的证明请教了他的老师、著名数学家德·摩尔根，摩尔根也没有能找到解决这个问题的途径，于是写信向自己的好友、著名数学家汉密尔顿爵士请教。汉密尔顿接到摩尔根的信后，对四色问题进行论证。但直到1865年汉密尔顿逝世为止，问题也没有能够解决。

1872年，英国当时最著名的数学家凯利正式向伦敦数学学会提出了这个问题，于是四色猜想成了世界数学界关注的问题。世界上许多一流的数学家都纷纷参加了四色猜想的大会战。1878～1880年两年间，著名的律师兼数学家肯普和泰勒两人分别提交了证明四色猜想的论文，宣布证明了四色定理，大家都认为四色猜想从此也就解决了。

肯普的证明是这样的：首先指出如果没有一个国家包围其他国家，或没有三个以上的国家相遇于一点，这种地图就说是"正规的"（见图2），即为正规地图，否则为非正规地图

探索
科学
未解之谜
tanssuokexueyiezhimi

（见图3）。一张地图往往是由正规地图和非正规地图联系在一起，但非正规地图所需颜色种数一般不超过正规地图所需的颜色，如果有一张需要五种颜色的地图，那就是指它的正规地图是五色的，要证明四色猜想成立，只要证明不存在一张正规五色地图就足够了。

肯普是用归谬法来证明的，大意是如果有一张正规的五色地图，就会存在一张国数最少的"极小正规五色地图"，如果极小正规五色地图中有一个国家的邻国数少于六个，就会存在一张国数较少的正规地图仍为五色的，这样一来就不会有极小五色地图的国数，也就不存在正规五色地图了。这样肯普就认为他已经证明了"四色问题"，但是后来人们发现他错了。

不过肯普的证明阐明了两个重要的概念，对以后问题的解决提供了

☆ 四色问题图3

途径。第一个概念是"构形"。他证明了在每一张正规地图中至少有一国具有两个、三个、四个或五个邻国，不存在每个国家都有六个或更多个邻国的正规地图，也就是说，由两个邻国、三个邻国、四个或五个邻国组成的一组"构形"是不可避免的，每张地图至少含有这四种构形中的一个。

肯普提出的另一个概念是"可约"性。"可约"这个词的使用是来自肯普的论证。他证明了只要五色地图中有一国具有四个邻国，就会有国数减少的五色地图。自从引入"构形"，"可约"概念后，逐步发展了检查构形以决定是否可约的一些标准方法，能够寻求可约构形的不可避免组，是证明"四色问题"的重要依据。但要证明大的构形可约，需要检查大量的细节，这是相当复杂的。

十一年后，即1890年，在牛津大学就读的年仅29岁的赫伍德以自己的精确计算指出了肯普在证明上的漏洞。他指出肯普说没有极小五色地图能有一国具有五个邻国的理由有破绽。不久，泰勒的证明也被人们否定了。人们发现他们实际上证明了一个较弱的命题——五色定理。就是说对地图着色，用五种颜色就够了。后来，越来越多的数学家虽然对此绞尽脑汁，但一无所获。于是，人们开始认识到，这个貌似容易的题目，其实是一个可与费马猜想相媲美的难题。

进入20世纪以来，科学家们对四色猜想的证明基本上是按照肯普的想法在进行。1913年，美国著名数学家、哈佛大学的伯克霍夫利用肯普的想法，结合自己新的设想，证明了某些大的构形可约。后来美国数学家富兰克林于1939年证明了22国以下的地图都可以用四色着色。1950年，有人从22国推进到35国。1960年，有人又证明了39国以下的地图可以只用四种颜色着色，随后又推进到了50国。看来这种推进仍然十分缓慢。

高速数字计算机的发明，促使更多数学家对"四色问题"的研究。从1936年就开始研究四色猜想的海克，公开宣称四色猜想可用寻找可约图形的不可避免组来证明。他的学生丢雷写了一个计算程序，海克不仅能用这程序产生的数据来证明构形可约，而且描绘可约构形的方法是从改造地图成为数学上称为"对偶"形着手。

他把每个国家的首都标出来，然后把相邻国家的首都用一条越过边界的铁路连接起来，除首都（称为顶点）及铁路（称为弧或边）外，擦掉其他所有的线，剩下的称为原图的对偶图。到了20世纪60年代后期，海克引进一个类似于在电网络中移动电荷的方法来求构形的不可避免组。在海克的研究中第一次以颇不成熟的形式出现了"放电法"，这对以后关于不可避免组的研究是个关键，也是证明四色定理的中心要素。

电子计算机问世以后，由于演算速度迅速提高，加之人机对话的出现，大大加快了对四色猜想证明的进程。美国伊利诺大学哈肯在1970年着手改进"放电过程"，后与阿佩尔合作编制一个很好的程序。就在1976年6月，他们在美国伊利诺斯大学的两台不同的电子计算机上，用了1200个小时，作了100亿次判断，终于完成了四色定理的证明，轰动了世界。

这是一百多年来吸引许多数学家与数学爱好者的大事，当两位数学家将他们的研究成果发表的时候，当地的邮局在当天发出的所有邮件上都加盖了"四色足够"的特制邮戳，以庆祝这一难题获得解决。

"四色问题"的被证明仅解决了一个历时一百多年的难题，而且成为数学史上一系列新思维的起点。在"四色问题"的研究过程中，不少新的数学理论随之产生，也发展了很多数学计算技巧。如将地图的着色问题化为图论问题，丰富了图论的内容。不仅如此，"四色问题"在有效地设计航空班机日程表，设计计算机的编码程序上都起到了推动作用。

不过不少数学家并不满足于计算机取得的成就，他们认为应该有一种简洁明快的书面证明方法。直到现在，仍有不少数学家和数学爱好者在寻找更简洁的证明方法。

四色定理的局限性

虽然四色定理证明了任何地图可以只用四个颜色着色，但是这个结论对于现实中的应用却相当有限。现实中的地图常会出现飞地，即两个不连通的区域属于同一个国家的情况（例如美国的阿拉斯加州），而制作地图时我们仍会要求这两个区域被涂上同样的颜色，在这种情况下，四个颜色将会是不够用的。

飞地

飞地是一种特殊的人文地理现象，指隶属于某一行政区管辖但不与本区毗连的土地。通俗地讲，如果某一行政主体拥有一块飞地，那么它无法取道自己的行政区域到达该地，只能"飞"过其他行政主体的属地，才能到达自己的飞地。一般把本国境内包含的外国领土称为内飞地(enclave)，外国境内的本国领土称为外飞地(exclave)。飞地的概念产生于中世纪，飞地的术语第一次出现于1526年签订的马德里条约的文件上。

魅力无穷的梅森素数

如何得出一个素数？2^p-1，p为素数时，得到的就是素数。很多人认为这就是求得素数的公式。但是，当p=11时，却得到的不是素数，此后，人们发现当p=43,112,609时都不是素数，那么这个公式到底能找到多少素数呢？世界上到底有多少个素数呢？至今仍然是个未解之谜，最初提出这个谜题的人，是数学家梅森，因此人们用"梅森素数"来表达这个数学难题。到目前为止，人们通过公式已经找到了41个素数，其中最长的有7235733位数，据说连续写下来，可以排3万米，但这显然还不是梅森素数的尽头，人们正在用各种方法寻找着，希望能找到更多的梅森素数。而梅森素数，也逐渐成为衡量一个国家数学发达水平的标志。

所谓的梅森素数，就是指形如2^p-1的正整数，其中p是素数，常记为Mp。若Mp是素数，则称为梅森素数。p=2，3，5，7时，Mp都是素数，但$M_{11}=2047=23\times89$不是素数。这激发了数学爱好者极大兴趣，他们想要找到更多的梅森素数。结果是否有无穷多个梅森素数是数论中未解决的难题之一。

也许会有人感到奇怪：素数不就是在大于1的整数中只能被1和其自身整除的数吗？在数学和计算机科学高度发达的今天，为什么发现一个已知的最大素数竟如此困难？找到一个已知的最大梅森素数竟成了科学上的大事？是的，魅力无穷的梅森素数具有许多特异的性质和现象，千百年来一直吸引着众多的数学家和数学爱好者对它进行研究；虽然已经揭示了一些规律，但围绕着它仍然有许多未解之谜，等待着人们去探索。

很早人们就发现，$2^2-1=3$是个素数，$2^3-1=7$也是个素数，$2^5-1=31$，$2^7-1=127$也都是素数。大家很自然地推测，对所有的素数p，2^p-1就是素数，这可以作为计算素数的公式。但是这对不对呢？只要再多试一个，就发现$2^{11}-1=2047$已经不是素数了。因为$2047=23\times89$。

对于素数p，判断2^p-1是不是素数

探索
科学
未解之谜
tansuokexuewejiezhimi

☆ 法国著名数学家梅森

的结论是正确的。

在这个问题上，数学家梅森做了很多工作。1644年，他给出一个猜测：不超过257的，能使得2^p-1是素数的全部正整数p只有9个，它们是p=2，3，5，7，13，19，31，127，257。正是由于他的贡献，这类素数以他命名，当然p可以超过257。但他没有完全给出证明。

定义对于正整数p，称2^p-1形状的数为梅森数，记作Mp。如果2^p-1是素数，称这个素数为梅森素数（Mersenne Prime）。

又过了一个世纪，1876年，Lucas证明了$2^{127}-1$是素数。七年以后，Pervouchine证明了$2^{61}-1$是素数，而且这是Mersenne遗漏的一个。20世纪初，Powers给出了Mersenne遗漏的另外两个素数$2^{89}-1$和$2^{107}-1$。这样，到1947年，p不超过258的全部梅森素数终于确定，是p=2，3，5，7，13，17，31，61，89，107，127，257的2^p-1。

梅森素数的发现者马林·梅森是17世纪法国著名的数学家，也是当时欧洲科学界一位独特的中心人物。他与大科学家伽利略、笛卡儿、费马、帕斯卡、罗伯瓦、迈多治等是密友。虽然梅森致力于宗教，但他却是科学的热心拥护者，在教会中为了保卫科学事业做了很多工作。他捍卫笛卡儿的哲学思想，反

并不是很容易的，可以看看以下历史上的事情。1603年，Pietro Cataldi正确地证明了$2^{17}-1$和$2^{19}-1$都是素数。他还给出了对于p=23，29，31，37时2^p-1是素数的证明，但是这不完全正确。到了1640年，Fermat证明，Cataldi关于p=23，37的证明是错的，这已经是近40年后的事情了；再过约一个世纪，1738年，Euler指出了Cataldi关于p=29的证明的错误，而在稍后一点，Euler证明了p=31时Cataldi

对来自教会的批评；也翻译过伽利略的一些著作，并捍卫了他的理论；他曾建议用单摆来作为时计以测量物体沿斜面滚下所需时间，从而使惠更斯发明了钟摆式时钟。

梅森对科学所作的主要贡献是他起了一个极不平常的思想通道作用。17世纪时，科学刊物和国际会议等还远远没有出现，甚至连科学研究机构都没有创立，交往广泛、热情诚挚和德高望重的梅森就成了欧洲科学家之间联系的桥梁。许多科学家都乐于将成果寄给他，然后再由他转告给更多的人。因此，他被人们誉为"有定期学术刊物之前的科学信息交换站"。梅森和巴黎数学家笛卡儿、费马、罗伯瓦、迈多治等曾每周一次在梅森住所聚会，轮流讨论数学、物理等问题，这种民间学术组织被誉为"梅森学院"，它就是法兰西科学院的前身。

1640年6月，费马在给梅森的一封信中写道："在艰深的数论研究中，我发现了三个非常重要的性质，我相信它们将成为今后解决素数问题的基础。"这封信讨论了形如 $2^p - 1$ 的数（其中p为素数）。早在公元前300多年，古希腊数学家欧几里得就开创了研究 $2^p - 1$ 的先河，他在名著《几何原本》第九章中论述完美数时指出：如果 $2^p - 1$ 是素数，则 $2^p - 1$ 是完美数。

梅森在欧几里得、费马等人的有关研究的基础上对 $2^p - 1$ 做了大量的计算、验证工作，并于1644年在他的《物理数学随感》一书中断言：对于 p=2，3，5，7，13，17，19，31，67，127，257时，$2^p - 1$ 是素数；而对于其他所有小于257的数时，$2^p - 1$ 是合数。前面的7个数（即2，3，5，7，13，17和19）属于被证实的部分，是他整理前人的工作得到的；而后面的4个数（即31，67，127和257）属于被猜测的部分。不过，人们对其断言仍深信不疑，连大数学家莱布尼兹和哥德巴赫都认为它是对的。

虽然梅森的断言中包含着若干错误，但他的工作极大地激发了人们研究 $2^p - 1$ 型素数的热情，使其摆脱作为"完美数"的附庸的地位。可以说，梅森的工作是素数研究的一个转折点和里程碑。由于梅森学识渊博，才华横溢，为人热情以及最早系统而深入地研究 $2^p - 1$ 型的数，为了纪念他，数学界就把这种数称为"梅森数"；并以Mp记之（其中M为梅森姓名的首字母），即 $Mp=2^p - 1$。如果梅森数为素数，则称之为"梅森素数"（即 $2^p - 1$ 型素数）。

梅森素数貌似简单，而研究难度却很大。它不仅需要高深的理论和纯熟的技巧，而且需要进行艰巨的计算。即使属于"猜测"部分中最小的 $M_{31}=2^{31} - 1=2147483647$，也具有10位数。可以想象，它的证明是十分艰巨的。正如梅森推测："一个人，使用一般的验证方法，要检验一个15位或20位的数字是否为素数，即使终生的时间也是不够的。"是啊，枯燥、冗长、单调、刻板的运算会耗尽一个人的毕生精力，谁愿让生命的风帆永远在黑暗中颠簸！人们多么想知道梅森猜测的根据和方法啊，然而年迈力衰的他来不及留下记载，四年之后就去世了；人们的希望与梅森的生命一起泯灭在流逝的时光之中。看来，伟人的"猜测"只有等待后来的伟人来解决了。

梅森素数就像数学海洋中的一颗璀璨明珠，吸引着一代又一代的研究者去探寻。自梅森提出其断言后，人们发现的已知最大素数几乎都是梅森素数；因此，寻找新的梅森素数的历程也就几乎等同于寻找新的最大素数的历程。而梅森断言为素数而未被证实的几个Mp当然首先成为人们研究的对象。

1772年，瑞士数学家欧拉在双目失明的情况下，靠心算证明了M_{31}是一个素数，它共有10位数，堪称当时世界上已知的最大素数。欧拉的毅力与技巧都令人赞叹不已，他因此获得了"数学英雄"的美誉。这是寻找已知最大素数的先声。

一百年后，法国数学家鲁卡斯提出了一个用来判别Mp是否是素数的重要定理——鲁卡斯定理。鲁卡斯的工作为梅森素数的研究提供了有力的工具。1883年，数学家波佛辛利用鲁卡斯定理证明了M_{61}也是素数——这是梅森漏掉的。梅森还漏掉另外两个素数：M_{89}和M_{107}，它们分别在1911年与1914年被数学家鲍尔斯发现。

1903年，在美国数学学会的大会上，数学家柯尔作了一个一言不发的报告，他在黑板上先算出$2^{67}-1$，接着又算出$193707721 \times 761838257287$，两个结果相同。这时全场观众站了起来为他热烈鼓掌，这在美国数学学会的历史上是绝无仅有的一次。他第一个否定了"M_{67}为素数"这一自梅森断言以来一直被人们相信的结论。这短短几分钟的报告却花了柯尔三年的全部星期天。1922年，数学家克莱契克进一步验证了M_{257}并不是素数，而是合数（但他没有给出这一合数的因子，直到20世纪80年代人们才知道它有三个素因子）。

手算笔录时代，人们历尽艰辛，仅找到十二个梅森素数。而计算机的产生使寻找梅森素数的研究者如虎添翼。1952年，数学家鲁滨逊等人将鲁卡斯－雷默方法编译成计算机程序，使用SWAC型计算机在短短1957小时之内，就找到了五个梅森素数：M_{521}、M_{607}、M_{1279}、M_{2203}和M_{2281}。其后，

M_{3217}被黎塞尔证明是素数；M_{4253}和M_{4423}在1961年被赫维兹证明是素数。1963年，美国数学家吉里斯证明M_{9689}和M_{9941}是素数。1963年9月6日晚上8点，当第二十三个梅森素数M_{11213}通过大型计算机被找到时，美国广播公司（ABC）中断了正常的节目播放，以第一时间发布了这一重要消息；发现这一素数的美国伊利诺伊大学数学系全体师生感到无比骄傲，以致把所有从系里发出的信件都敲上了"$2^{11213}-1$是个素数"的邮戳。

1971年3月4日晚，美国哥伦比亚广播公司（CBS）中断了正常节目播放，发布了塔可曼使用IBM360-91型计算机找到新的梅森素数M_{19937}的消息。而到1978年10月，世界几乎所有的大新闻机构（包括我国的新华社）都报道了以下消息：两名年仅十八岁的美国高中生诺尔和尼科尔使用CYBER174型计算机找到了第二十五个梅森素数：M_{21701}。

随着素数p值的增大，每一个梅森素数Mp的产生都艰辛无比；而各国科学家及业余研究者们仍乐此不疲，激烈竞争。1979年2月23日，当美国克雷研究公司的计算机专家史洛温斯基和纳尔逊宣布他们找到第二十六个梅森素数M_{23209}时，人们告诉他们：在两个星期前诺尔已得到这一结果。为此，史洛温斯基潜心发愤，花了一个

半月的时间，使用CRAY-1型计算机找到了新的梅森素数M_{44497}。这个记录成了当时不少美国报纸的头版新闻。之后，这位计算机专家乘胜前进，使用经过改进的CRAY-XMP型计算机在1983年至1985年间找到了三个梅森素数：M_{86243}、M_{132049}和M_{216091}。但他未能确定M_{86243}和M_{216091}之间是否有异于M_{132049}的梅森素数。而到了1988年，科尔魁特和韦尔什使用NEC-FX2型超高速并行计算机果然捕捉到了一条"漏网之鱼"——M_{110503}。沉寂四年之后，1992年3月25日，英国原子能技术权威机构——哈威尔实验室的一个研究小组宣布他们找到了新的梅森素数M_{756839}。

1994年1月14日，史洛温斯基和盖奇为其公司再次夺回发现"已知最大素数"的桂冠——这一素数是M_{859433}。而下一个梅森素数$M_{1257787}$仍是他们的成果。这一素数是使用CRAY-794超级计算机在1996年取得的。史洛温斯基由于发现七个梅森素数，而被人们誉为"素数大王"。

使用超级计算机寻找梅森素数的游戏实在太昂贵了。1996年美国数学家及程序设计师乔治·沃特曼编制了一个梅森素数寻找程序，并把它放在网页上供数学家和数学爱好者免费使用；这就是著名的"因特网梅森素数大搜索"（GIMPS）项目。1997年

美国数学家及程序设计师斯科特·库尔沃斯基和其他人建立了"素数网"（PrimeNet），使分配搜索区间和向GIMPS发送报告自动化。现在只要人们去GIMPS的主页下载那个免费程序，就可以立即参加GIMPS项目来搜寻梅森素数。目前，全球有近七万名志愿者参加该项目，并动用二十多万台计算机联网来进行大规模的分布式计算，以寻找新的梅森素数。看来，因特网联通的个人计算机要与高功能的超级计算机在计算技术上一较高低了。从1996年到2004年5月15日，GIMPS项目发现了七个梅森素数：$M_{1398269}$、$M_{2976221}$、$M_{3021377}$、$M_{6972593}$、$M_{13466917}$、$M_{20996011}$和$M_{24036583}$，它们都是使用奔腾型计算机得到的结果。

时至今日止，人们已经发现了四十一个梅森素数，并且确定$M_{6972593}$位于梅森素数序列中的第三十八位。现把它们列表如下（见43页）。

由下表可见，梅森素数的分布极不规则。我们甚至可以看到，连找到梅森素数的时间分布都极不规则，有时许多年未能找到一个，而有时则一下找到好几个。探索梅森素数的分布规律似乎比寻找新的梅森素数更为困难。数学家们在长期的摸索中，提出了一些猜想。英国数学家香克斯、美国数学家吉里斯、法国数学家托洛塔和德国数学家伯利哈特就曾分别给出过关于梅森素数分布的猜测，但他们的猜测有一个共同点，就是都以近似表达式给出，而它们与实际情况的接近程度均未尽如人意。

中国数学家及语言学家周海中经过多年的研究，于1992年首先给出了梅森素数分布的精确表达式，为人们寻找这一素数提供了方便；后来这一科研成果被国际数学界命名为"周氏猜测"。著名的《科学》杂志上有一篇评论文章指出，这是梅森素数研究中的一项重大突破。

2004年5月15日，美国国家海洋和大气局顾问、数学爱好者乔希·芬德利用一台装有2.4GHz奔腾处理器的个人计算机，找到了目前世界上已知最大的梅森素数。该素数为2的24 036 583次方减1（即$2^{24036583}-1$），它有7 235 733位数，如果用普通字号将这个数字连续写下来，它的长度可达三万米！它是两千多年来人类发现的第四十一个梅森素数，也是目前已知的最大素数。世界上许多著名的新闻媒体和科学刊物都对这一消息进行了报道和评介，认为这是数学研究和计算技术中最重要的突破之一。

不久前，国际电子新领域基金会（IEFF）宣布了由一位匿名者资助的为通过GIMPS项目来寻找新的更大的梅森素数而设立的奖金。它规定向第一个找到超过一千万位数的个人或机

构颁发10万美元奖金。后面的奖金依次为：超过1亿位数，15万美元；超过10亿位数，25万美元。但据悉，绝大多数研究者参与该项目不是为了金钱而是出于乐趣、荣誉感和探索精神。

探究梅森素数在当代具有十分丰富的理论意义和实用价值。它是发现已知最大素数的最有效途径；它推动了有"数学皇后"之称的数论研究，也促进了计算数学、程序设计技术、

☆ 最长的梅森素数长达3万米

网格计算技术以及密码技术的发展；另外探究梅森素数的方法还可用来测试计算机硬件运算是否正确。因此，科学家们认为，对于梅森素数的探究能力如何，已在某种意义上标志着一个国家的科技水平。可以相信，梅森素数这颗数学海洋中的明珠正以其独特魅力，吸引着更多的有志者去探寻和研究。

研究梅森素数的意义

梅森素数历来都是数论研究的一项重要内容，也是当今科学探索的热点和难点之一。自古希腊时代直至17世纪，人们寻找梅森素数的意义似乎只是为了寻找完美数。但自梅森提出其著名断言以来，特别是欧拉证明了欧几里得关于完美数的定理的逆定理以来，完美数已仅仅是梅森素数的一种"副产品"了。

寻找梅森素数是测试计算机运算速度及其他功能的有力手段。如$M_{1257787}$就是1996年9月美国克雷公司在测试其最新超级计算机的运算速度时得到的。梅森素数在推动计算机功能改进方面发挥了独特作用。发现梅森素数不仅仅需要高功能的计算机，它还需要素数判别和数值计算的理论与方法以及高超巧妙的程序设计技术等等，因而它还推动了数学皇后——数论的发展，促进了计算数学、程序设计技术的发展。

由于寻找梅森素数需要多种学科的支持，也由于发现新的"大素数"所引起的国际影响，使得对于梅森素数的研究能力已在某种意义上标志着一个国家的科学技术水平，而不仅仅是代表数学的研究水平。

梅森素数在实用领域也有用武之地。现在人们已将大素数用于现代密码设计领域。其原理是：将一个很大的数分解成若干素数的乘积非常困难，但将几个素数相乘却相对容易得多。在这种密码设计中，需要使用较大的素数，素数越大，密码被破译的可能性就越小。

寻找梅森素数最新的意义是：它促进了分布式计算技术的发展。从最新的13个梅森素数是在因特网项目中发现这一事实，可以想象到网络的威力。分布式计算技术使得用大量个人计算机去做本来要用超级计算机才能完成的项目成为可能；这是一个前景非常广阔的领域。它的探究还推动了快速傅立叶变换的应用。

在当代梅森素数的探究需要多种学科和技术的支持，所以许多科学家认为：它的研究成果，一定程度上反映了一国的科技水平。英国顶尖科学家、牛津大学教授马科斯·索托伊甚至认为它是人类智力发展在数学上的一种标志，也是科学发展的里程碑之一。

序号	梅森素数	位数	发现时间
1	M_1	1	公元前300
2	M_3	1	公元前300
3	M_5	2	公元前100
4	M_7	3	公元前100
5	M_{13}	4	15世纪中期
6	M_{17}	6	1603
7	M_{19}	6	1603
8	M_{31}	10	1772
9	M_{61}	19	1883
10	M_{89}	27	1911
11	M_{107}	33	1914
12	M_{127}	39	1876
13	M_{521}	157	1952
14	M_{607}	183	1952
15	M_{1279}	386	1952
16	M_{2203}	664	1952
17	M_{2281}	687	1952
18	M_{3217}	969	1957
19	M_{4253}	1281	1961
20	M_{4423}	1332	1961
21	M_{9689}	2917	1963
22	M_{9941}	2993	1963
23	M_{11213}	3376	1963
24	M_{19937}	6002	1971
25	M_{21701}	6533	1978
26	M_{23209}	6987	1979
27	M_{44497}	13395	1979
28	M_{86293}	25962	1983
29	M_{11050}	333265	1988
30	M_{132049}	39751	1983
31	M_{216091}	65050	1985
32	M_{756839}	227832	1992
33	M_{859433}	258716	1995
34	$M_{1257787}$	378632	1996
35	$M_{1398269}$	420921	1996
36	$M_{2976221}$	895933	1997
37	$M_{3021377}$	909526	1998
38	$M_{6972593}$	2098960	1999
39	$M_{13466917}$	4053946	2001
40	$M_{20996011}$	6320430	2003
41	$M_{24036583}$	7235733	2004

孪生素数猜想

孪生素数即相差2的一对素数。例如3和5，5和7，11和13，……10016957和10016959等等都是孪生素数。孪生素数是有限个还是有无穷多个？这是一个至今都未解决的数学难题。一直吸引着众多的数学家孜孜以求地钻研。早在20世纪初，德国数学家兰道就推测孪生素数有无穷多。许多迹象也越来越支持这个猜想。但是至今关于这个猜想仍然没有得到确切的证明，成为数学史上又一个谜题。

18 49年，波林那克提出孪生素生猜想（the conjecture of twin primes），即猜测存在无穷多对孪生素数。

孪生素数即相差2的一对素数。例如3和5，5和7，11和13，……10 016 957和10 016 959等等都是孪生素数。

孪生素数是有限个还是有无穷多个？这是一个至今都未解决的数学难题。一直吸引着众多的数学家孜孜以求地钻研。早在20世纪初，德国数学家兰道就推测孪生素数有无穷多。许多迹象也越来越支持这个猜想。最先想到的方法是使用欧拉在证明素数有无穷多个所采取的方法。设所有的素数的到数和为：

S=1/2+1/3+1/5+1/7+1/11+…

如果素数是有限个，那么这个倒数和自然是有限数。但是欧拉证明了这个和是发散的，即是无穷大。由此说明素数有无穷多个。1919年，挪威数学家布隆仿照欧拉的方法，求所有孪生素数的倒数和：

B=（1/3+1/5）+（1/5+1/7）+（1/11+1/13）+……

如果也能证明这个和比任何数都大，就证明了孪生素数有无穷多个了。这个想法很好，可是事实却违背了布隆的意愿。他证明了这个倒数和是一个有限数，现在这个常数就被称为布隆常数：B=1.90216054……布隆还发现，对于任何一个给定的整数m，都可以找到m个相邻素数，其中没有一个孪生素数。

1966年，中国数学家陈景润在这方

面得到最好的结果：存在无穷多个素数p，使p+2是不超过两个素数之积。

若用p（x）表示小于x的孪生素数对的个数，下表是10¹¹以下的孪生素数分布情况：

x	p（x）
1000	35
10000	205
100000	1224
1000000	8169
10000000	58980
100000000	440312
1000000000	3424506
10000000000	27412679
100000000000	224376048

p（x）与x之间的关系是什么样的呢?1922年，英国数学家哈代和利托伍德提出一个孪生素数分布的猜想：

p（x）≈ $2cx/(\ln x)^2$

其中常数c＝（－11/2²）（1－1/4²）（1－1/6²）（1－1/10²）……

即，对于每一个素数p，计算（1－1/（p－1）²），再相乘。经过计算得知c≈0.66016称为孪生素数常数。这个猜想如上所述有可能是正确的，但是至今也未获证明。

"孪生素数猜想"与著名的"哥德巴赫猜想"是姐妹问题，它也是现代素数理论中的中心问题之一。谁能解决它（不论是证明或否定），必将成为名扬千古的历史人物。

·知识链接·

费马大定理

当整数n＞2时，关于x，y，z的不定方程 $x^n+y^n=z^n$. 无正整数解。

费马在阅读丢番图《算术》拉丁文译本时，曾在第11卷第8命题旁写道："将一个立方数分成两个立方数之和，或一个四次幂分成两个四次幂之和，或者一般地将一个高于二次的幂分成两个同次幂之和，这是不可能的。关于此，我确信已发现了一种美妙的证法，可惜这里空白的地方太小，写不下。"毕竟费马没有写下证明，而他的其他猜想对数学贡献良多，由此激发了许多数学家对这一猜想的兴趣。数学家们的有关工作丰富了数论的内容，推动了数论的发展。

1995年，怀尔斯和泰勒在一特例范围内证明了谷山−志村猜想，Frey的椭圆曲线刚好在这一特例范围内，从而证明了费马大定理。怀尔斯证明费马大定理的过程亦甚具戏剧性。他用了七年时间，在不为人知的情况下，得出了证明的大部分；然后于1993年6月在一个学术会议上宣布了他的证明，并瞬即成为世界头条新闻。但在审批证明的过程中，专家发现了一个极严重的错误。怀尔斯和泰勒然后用了近一年时间尝试补救，终在1994年9月以一个之前怀尔斯抛弃过的方法得到成功，这部分的证明与岩泽理论有关。

世界上最神奇的数字142857

142857，看似平常的数字，却是一个包含了无数奥秘的数字，至今未有人能解。据说这个数字最早是从埃及金字塔内发现的，有人认为这个数字可能和金字塔的建造之谜有关，但是人们至今没有找到相关的证据。把这个数字分别乘以1到6，结果竟然发现是142578这几个数字的不同组合，乘7得到最大的六位数……它究竟蕴含着什么秘密呢？还要等待人们的逐步发现和解答。

世界上究竟有多少数字，看似是无穷尽的。但是在众多的数字当中，总有一些数字看似平凡，实际上却蕴含着无穷的奥秘，等待着人们去发现，其实数学也和其他的自然科学一样，有很多神奇的未知领域等待人们去破解，比如说我们今天要研究的这个数字142857，从表面上看，它只是一个六位整数，如果用读数法将它读出来的话，就是十四万两千八百五十七，但是这个数字蕴含的寓意却不像表面那么简单。但是为什么说它最神奇呢？我们先把它从1乘到6看看：

$$142\,857 \times 1 = 142\,857$$
$$142\,857 \times 2 = 285\,714$$
$$142\,857 \times 3 = 428\,571$$
$$142\,857 \times 4 = 571\,428$$
$$142857 \times 5 = 714285$$

$$142\,857 \times 6 = 857\,142$$

同样的数字，只是调换了位置，反复地出现。

那么把它乘以7是多少呢？

我们会惊人地发现是999 999。

$$142 + 857 = 999$$

$$14 + 28 + 57 = 99$$

最后，我们用142857乘以142 857，答案是：20408122 449。前五位加上后六位的得数是多少呢？

$$20\,408 + 122\,449 = 142\,857$$，它总是围绕原来的几个数字循环着，令人非常震惊。

"142857"发现于埃及金字塔内，它是一组神奇数字，它证明一星期有七天，它自我累加一次，就由它的六个数字，依顺序轮值一次，到了第七天，它们就放假，由999 999去代班，数字越加越大，每超过一星期轮

探索
科学
未解之谜

tansuokexuevejiezhimi

$142\ 857 \times 10 = 1\ 428\ 570$（1分身）

$142\ 857 \times 11 = 1\ 571\ 427$（8分身）

$142\ 857 \times 12 = 1\ 714\ 284$（5分身）

$142\ 857 \times 13 = 1\ 857\ 141$（2分身）

$142\ 857 \times 14 = 1\ 999\ 998$（9也需要分身变大）

继续算下去……以上各数的单数和都是"9"。有可能藏着一个大秘密。

以上面的金字塔神秘数字举例：$1+4+2+8+5+7=27=2+7=9$；

无数巧合中必有概率，无数吻合中必有规律。何谓规律？大自然规定的纪律！科学就是总结事实，从中找出规律。

·扩展阅读·

实数与虚数

实数包括有理数和无理数。其中无理数就是无限不循环小数，有理数就包括0、整数和分数。数学上，实数直观地定义为和数轴上的点一一对应的数。本来实数仅称作数，后来引入了虚数概念，原本的数称作"实数"——意义是"实在的数"。

虚数是指平方是负数的数。虚数这个名词是17世纪著名数学家笛卡尔创制，因为当时的观念认为这是真实不存在的数字。后来发现虚数可对应平面上的纵轴，与对应平面上横轴的实数同样真实。

☆ 神奇的数字

回，每个数字需要分身一次，你不需要计算机，只要知道它的分身方法，就可以知道继续累加的答案。它还有更神奇的地方等待你去发掘！也许，它就是宇宙的密码，如果您发现了它的真正神奇秘密……请与大家分享！

$142\ 857 \times 1 = 142\ 857$（原数字）

$142\ 857 \times 2 = 285\ 714$（轮值）

$142\ 857 \times 3 = 428\ 571$（轮值）

$142\ 857 \times 4 = 571\ 428$（轮值）

$142\ 857 \times 5 = 714\ 285$（轮值）

$142\ 857 \times 6 = 857\ 142$（轮值）

$142\ 857 \times 7 = 999\ 999$（放假由9代班）

$142\ 857 \times 8 = 1\ 142\ 856$（7分身，即分为头一个数字1与尾数6，数列内少了7）

$142\ 857 \times 9 = 1\ 285\ 713$（4分身）

关于"5"的猜想

提到数字"5"我们通常可以联想到什么呢？五角星、五连环……仔细观察一下，我们会发现"5"在自然界和人类社会生活中到处可见，5是一个蕴含着自然界无限奥秘的数字，在数学上，"5"更是奇妙无穷。美国的一位"矩阵博士"就是围绕"5"而作了一系列的研究和猜想，引发人们的巨大兴趣。相信在未来会有更多的奥秘"5"在人类面前展开。虽然，没法具体说清数字"5"到底有什么奥秘，但是人们发现自然界的确有很多"5"存在，它被认为另一种和协、美好的象征。比如"五角星"。

"**5**"这个数在日常生活中到处可见，钞票面值有5元、5角、5分；秤杆上，表示5的地方刻有一颗星；在算盘上，一粒上珠代表5；正常情况下，人的每只手有5个手指，每只脚有5个足趾；不少的花，如梅花、桃花都有5个花瓣；海洋中的一种色彩斑斓的无脊椎动物海星，它的肢体有5个分叉，呈五角星状。

"5"这个数无所不在。当然数学本身不能没有它。

在数学上，有而且只

☆ 五角星图案

探索
科学
未解之谜

tansuokexuewejiezhimi

美国有一位"矩阵博士"是专门研究和"5"有关的现象与猜想的。

这位博士常带着女儿漂洋过海，闯荡江湖，在世界各地都有他们的足迹。

博士对数论、抽象代数有许多精辟之见。虽然他说的话乍一听似乎荒诞不经，可拿事实去验证他所说的离奇现象与规律时，却又发现博士的"预言"都是正确的。

有一次，博士来到印度的加尔各答。他说古道今，大谈"无所不在的5"。

博士指出，在印度的寺庙里，供奉着许多魔金刚，信仰这些金刚的教派之中心教义一共有五条，其中一条是所谓宇宙的永动轮回说，即认为宇宙经过五百亿年的不断膨胀后，又要经过五百亿年的不断收缩，直到变成一个黑洞，然后又开始下一轮的膨胀与收缩。如此周而复始，循环不已。降魔金刚手中，还拿着宇宙膨胀初期的"原始火球"呢?在这里，博士曾几次提到5这个数字。

英国的向克斯曾把 π 的小数值算到707位，以前这被认为是一项了不起

☆ "5"的猜想

有五种正多面体——正四面体、正六面体（立方体）、正八面体、正十二面体与正二十面体。平面上的五个点唯一地确定一条圆锥曲线；5阶以下的有限群一定是可交换群；一般的二次、三次和四次代数方程都可以用根式求解，但一般的五次方程就无法用根式来求解。5还是一个素数，5和它前面的一个素数3相差2，这种差2的素数在数论中有个专门名词叫孪生素数。人们猜测孪生素数可能有无穷多，而3和5则是最小的一对孪生素数。

的工作。自从近代电子计算机发明以后，他的工作简直不算一回事了。现在求π值的记录一再被打破，最新的记录是100万位，这是由法国人计算出来的。有意思的是，矩阵博士在这项计算以前，就作了大胆的预言，他说第100万位数必定是个5，结果真是如此！这究竟是用什么办法知道的呢？博士却秘而不宣。

循环往复的周期现象，在科技史上曾起过重大作用，门捷列夫发现元素周期表，就是突出的一例。下面请读者来看一下与5有关的有趣现象。

请任选两个非0的实数，如π与76，并准备一个袖珍电子计算器。假定计算器数字长八位，那么，π的八位数值是3.1415926。现在请把第二个数76加上1作为被除数，把第一个数作为除数做一下除法，即：

$$(76+1) \div 3.415926 = 24.509861$$

我们把显示在计算器上的24.509861称为第三个数，然后再重复上述过程，把第三个数加上1，把第二个数作为除数，这就得到了第四个数：0.335656，依次类推，可得到第五个数、第六个数……

也许读者会认为，这些数字都没有规律可循，照这样下去，真是"味同嚼蜡"。然而，当算到第六个数时，你将会大吃一惊，原来第六个数是3.1415931，略去这一数字后面二位因计算时四舍五入造成差异的小数，它竟和第一数的π相等，π又回来了！如果你还不太相信，不妨再挑选一些整数，结果保证令人满意。我们可以得出结论，5是一个循环周期，第六个数与第一数完全一样，第七个数与第二个数完全一样……

这神奇的、无所不在的5引起了人们的极大兴趣，促使人们去探索和研究。

·扩展阅读·

在数学上，矩阵是指纵横排列的二维数据表格，最早来自于方程组的系数及常数所构成的方阵。这一概念由19世纪英国数学家凯利首先提出。矩阵概念在生产实践中也有许多应用，比如矩阵图法以及保护个人账号的矩阵卡系统（由深圳网域提出）等等。"矩阵"的本意也常被应用，比如监控系统中负责对前端视频源与控制线切换控制的模拟设备也叫矩阵。

探索科学 未解之谜 tansuokexuaewejiezhimi

这件事发生的概率有多大？

生活往往按照规则进行，但是一件"巧合"事件的发生总让人目瞪口呆。比如说，你住在一个旅馆，而之前住在这里的人和你同名，比如你在同一个城市连续三次意外遇到你的高中同学，或者你参加聚会时找到一个出生年月和你一样的人……这些"巧合"令人们非常惊奇，但是科学家指出其实这都是数学概率发生作用的结果，这一切都是必然的现象，是"偶然"中的"必然"。但是显然这个理论并不可能完全说服人们对"巧合"的追问，"巧合"问题至今仍然是一个未解之谜。概率这个术语我们并不陌生，它是指一件事情发生几率，我们生活中遇到的各类事件其实都是概率发生作用的结果，当事件达到了一定的重复时，概率就发生了，下面我们就研究一些概率发生的例子。

美国康涅狄格州的商人乔奇·D·伯力森在南方旅行，经过肯塔基州路易斯维尔城时，他改变原定计划，行程中途下车参观一下这个以前从未来过的陌生的城市。他在布隆饭店307房间住了不久，店员送来一封信，信封上写着："307房间，乔奇·D·伯力森先生收"。这当然是不可能寄给这位商人的。原来在此前，这个房间住着一个来自加拿大蒙特利尔的同姓同名的乔奇·D·伯力森。

1949年，宾夕法尼亚州契斯特城一男子被指控"流浪罪"遭逮捕。在法庭审理时，被告竭力申辩，说他并非流浪，他的住址是麦克尔弗因街714号。法官当即指出："这个地方，九天前我刚从那儿搬出。"

人们往往对这些巧遇惊叹不已，而又不知其所以然。哲学家告诉我们：偶然中蕴藏着必然，偶然事件中有着必然的规律在支配。对于数学家来说，巧合并不神秘，有些事情是可以用统计概率的方法来进行预测的。

数学家认为，在地球上50亿居民中每天发生着无可计量的交往、联系、影响与作用，即使根本没有巧合存在，大多数惊人的事也会发生。比如，你与22个陌生人一起参加宴会，其中可能有一人与你生日一样。因为在一个随意挑选的23人组成的小组

☆ 林肯总统

中，至少有2人同一天生日的可能性超越50%。

《生活》杂志曾报道过这样一件事：有15人预定1950年3月1日7点15分去内布拉斯加州皮塔里斯教堂进行唱诗班排练。结果，每个人都由于种种原因而迟到；车子坏了，因为听无线电节目而不忍离开，衣服来不及烫好，正好有客人来访，等等。所以没有一个人在预定时间到达。然而，教堂却在7点25分因意外事故而炸毁。这些唱诗班的人都为之庆幸，心想这也

许是神的安排吧！《好运气》一书的作者根据概率参数推测，这种巧合发生的可能性是1%。

这些巧合是那样地变幻莫测，令人难以捉摸。例如：林肯总统与肯尼迪总统遭暗杀时的相同情况能用概率方法推测吗？这两位总统有许多相似的巧合：两人当选总统时间在同一周，只不过相差一百年而已；两人都深深卷入了黑人公民权的纷争之中；两人都是在夫人陪同下又均是在星期五遭暗杀；在任职居住白宫期间，两人都在白宫死去了一个儿子；林肯在福特剧院遭枪杀，肯尼迪在福特汽车公司制造的林肯牌总统专用敞篷车上遭枪杀；两人死后都由各自的副总统继承他们的总统职务，而这两位副总统的名字又都叫约翰逊；他们的年龄又正好相差一百岁；恰好又与两位总统的当选时日差数相同。

这类有许多特异的变量决定的巧合，给一些不相信概率理论能解释一切巧合的科学家们提供了推出新理论的根据。这个领域的先驱是瑞士的精神病学家克尔·琼，他收集了他一生中遇到过的许多稀罕的巧合事件。他在1952年的一篇论文中宣称：实际生活中的巧合事件，在比概率理论能预测的更大范围与数量上频繁而广泛地发生着。因此，这儿似乎存在着一种还不为人知的充当着一种普遍规律的

☆ 年轻时的肯尼迪总统与夫人

力量在起着作用。他为此杜撰了一个新名词——共时性，来描写那类在不期而遇的联系中发生的那些本来并无关系事件的巧合现象。

琼特别醉心于研究那类丢失或被盗走的东西是从哪一种途径中回到失主的手中的。比如，他曾引证过这么一个例子：1914年，德国有位母亲为她的小儿子照了一张相，送法国斯特拉斯堡市一家照相店洗印。不久第一次世界大战爆发，她流落外地。两年后，她在距斯特拉斯堡100英里的德国法兰克福市买了一张底片，为她刚生下的女婴拍照，当这张底片洗印时出现了两个影像，一个是她的女儿，而另一个是她的儿子。经过不可思议的命运的曲折的变化，她两年前照的那张底片由于没有做上"已拍"的标记，结果又作为未拍过的底片卖到了她的手中。

在研究对巧合的新的解释原理的过程中，物理学家们提供了胜过概率理论的新思索。早在1935年就已证明，两只逊原子（粒子）只要相互作用一次，就可以使这每个粒子随后运动数十年，并分离数光年之遥，对这些奇怪的现象，爱因斯坦和他的合作者把它称为EPR。

在对上述这个现象研究了数十年之后，物理学家大维·鲍姆认为：人也许像粒子一样地相互作用着，他们的头脑在同一时间不谋而合地有可能产生同样的想法、见解、感受。

当然，从理论探索到证明巧合事件不是偶然发生的，这里有一段很长的路要走。就如纵横填字字谜、魔方、魔棍等使人能知其然而难知其所以然一样，关于巧合的规律性的争论在科学家中还要进行下去，而事实上，巧合的事件不管你怎么解释，还在继续不断地发生着。

探索
科学
未解之谜
tansuokexuaweijiezhimi

·知识链接·

概率

概率，又称或然率、机会率或机率、可能性，是数学概率论的基本概念，是一个在0到1之间的实数，是对随机事件发生的可能性的度量。表示一个事件发生的可能性大小的数，叫做该事件的概率。它是随机事件出现的可能性的量度，同时也是概率论最基本的概念之一。人们常说某人有百分之多少的把握能通过这次考试，某件事发生的可能性是多少，这都是概率的实例。但如果一件事情发生的概率是$1/n$，不是指n次事件里必有一次发生该事件，而是指此事件发生的频率接近于$1/n$这个数值。

第一个系统地推算概率的人是16世纪的卡尔达诺。关于概率的内容是由Gould从拉丁文翻译出来的。

然而，首次提出系统研究概率的是在帕斯卡和费马来往的一系列信件中。这些通信最初是由帕斯卡提出的，他想找费马请教几个关于由Chevvalier de Mere提出的问题。Chevvalier de Mere是一知名作家，路易十四宫廷的显要，也是一名狂热的赌徒。问题主要是两个：掷骰子问题和比赛奖金应怎么分配问题。

意义非凡的 "0"

数字 "0" 是由印度人和古玛雅人最早使用的，它的诞生凝聚着人类许多的智慧和探索，也是人们认为最神奇的数字之一。"0" 既不是小数也不是整数，既不是奇数，也不是偶数……但是 "0" 可以和任何数字相组合，而在现实生活中的意义也是举足轻重的，也许就是因为这个原因，人们离不开它。在未来，相信还会有更多关于 "0" 的奥秘，等着我们去发现。

"**0**" 并不是从来就有的，它是人们在生产生活中逐渐产生的，在数字中虽然代表 "无"，"没有"，可是这并不影响它对人类社会生活起到巨大作用。

在公元前约2000年至公元前1500年左右，最古老的印度文献中已有 "0" 这个符号的应用，"0" 在印度表示空的位置。后来这个数字从印度传入阿拉伯，意思仍然表示空位。

我国古代没有 "0" 这个符号，最初都用 "不写" 或 "空位" 来做解决的方法。《旧唐书》和《宋史》在讲论到历法时，都用 "空" 字来表示天文数据的空位。南宋时《律吕新书》把118098记作："十一万八千口九十八"；可见当时是用 "口" 表示 "0"，后来为了贪图书写时方便将 "口" 顺笔改成为 "0" 形，与印度原先的 "0" 意义相通。

0不能做除数，我们可以从下面两种情况来谈点道理：

一种情况，如果被除数不是零，除数是零时，例如9÷0=?根据乘、除法的关系，就是说要找一个数，使它与0相乘等于被除数 9，但是任何数与0相乘都等于0，而绝不会等于9。

另一种情况是被除数和除数都是零，例如0÷0=?就是说要找一个数，使它与0相乘等于0，因为零与任何数相乘都得零，所以要找的数不止一个，可以是任何数，那么0÷0的商不能得到一个确定的数，这是违反了四则运算结果的唯一性，因此零除以零是没有意义的。根据上述两种情况都可以看出零是不能做除数的。

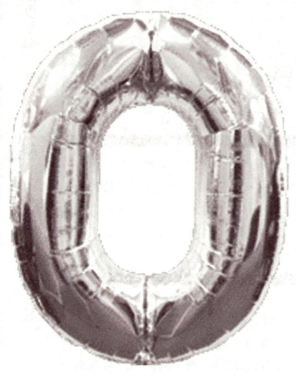

☆ 数字0的秘密

身虽然没有实在意义，但是任何一个数字和它组合，都会产生无比神奇的效果。"0"象征着原始，初期，人们认为它是迄今为止人类发明的最有意义的数字。

"0"是自然数的问题

从历史上看，国内和国外对于0是不是自然数历来有两种规定：一种规定0是自然数，另一种规定0不是自然数。新中国成立以来，我们国家的中小学教材一直规定自然数集合不包括0。

现在，国外的数学界，大部分都是规定0是自然数，为了国际交流的方便，《国家标准》中规定，自然数集包括0。因此，在我们新出版的教材中，按照《国家标准》进行了这样的处理，原来的自然数集合现在称为正整数集。同时，我们也按照国家标准的规定规范使用了一些数学符号的表示方法。

从使用上看，规定自然数集合是否包括0并无太大影响。作为序数，从0开始和从1开始是一样的；以前我们所说的$n \in N$，现在只要说n是正整数就可以了。

当然，我们还可以从等分除法的意义上看，除数是0这个情况是不能存在的。如有12本书，分给0个学生，平均每个学生分得几本，既然没有学生分这些书，就不可能求出每个学生分得几本书，所以0是不能做除数的。

"0"虽然表示"无，没有"，但是它在数学中却意义重大。任意一个数字后面加几个"0"，可能就意味着增加了成千上百；减少一个"0"同样也意味着降低和减少了很多。"0"本

符合"优选法"的斐波那契数列

如果给你一组数字1，1，2，3，5，8，13……你能说出13的下一个数是什么数吗？细心的人就会发现，这看似杂乱无章的数字组合其实是有规律可循的，那就是后一位数是前两位数之和，那么13之后就应该是21（8+13），……这个著名的数列就是斐波那契数列，它不仅仅是数学中的一个数列，更重要的是它竟然和自然界的很多规律不谋而合，比如素数的等值、兔子的繁殖，人们发现（不出意外的情况下）都是以此数列的比例增长的，更奇妙的是，很多人认为这是符合自然界优胜规则的数列，即按2，3，5，8……的规则增长的才会保证自己不被淘汰。这是真的吗？很多的数学问题都是首先从自然界发现的，著名的斐波那契数列就是其中之一，它是由于兔子繁殖问题引出的一个极为奇妙而重要的数列。

有位养兔专业户想知道兔子繁殖的规律，于是他围了一个栅栏把一对刚出生的小兔子关在里面。已知一对小兔子出生后两个月就开始生兔子，以后则每月可再生一对。假如不发生伤亡现象，满一年时，栅栏内有几对兔子呢？

现在，我们来帮他算一算。为了寻找规律，我们用"成"字表示已成熟的一对小兔子；"小"表示未成熟的一对小兔子，因为一对兔子生下两个月就又开始生小兔子，所以我们可以画出以下图表。（见下页）

可见，头六个月的兔子的对数是1，1，2，3，5，8。

☆ 意大利数学家斐波那契

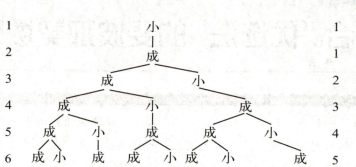

月数	兔子繁殖情况	兔子对数
1	小	1
2	成	1
3	成　小	2
4	成　小　成	3
5	成　小　成　成　小	4
6	成　小　成　成　小　成　小　成	5

这个数列有什么规律呢？稍加观察就可发现它有如下特点：从第三项起，每一项都等于其前两项之和。根据这个特点，我们就可以把这个数列继续写下去，从而得到一年内兔子总对数1，1，2，3，5，8，13，21，34、55，89，144。

可见，满一年时，一对刚出生的兔子可变成144对。

由兔子繁殖问题引出的一个数学问题，称为"斐波那契数列"。

斐波那契是意大利人，12世纪、13世纪欧洲数学界的中心人物。他曾到埃及、叙利亚、希腊、西西里、法国南部等地游历，回国后便将所搜集的算术和代数材料加以研究，编写成《算盘书》。该书对欧洲大陆产生了很大影响，它用大量的题目说明理论内容。兔子繁殖问题就是其中的一题。所谓斐波那契数列就是指由兔子繁殖问题引出的数列：

1，1，2，3，5，8，13，21，

34，55……其中 $a_n = a_{n-1} + a_{n-2}$

斐波那契数列也可叫兔子数列，该数列中的每一项都称为斐波那契数。

它的通项公式为

$$a_n = \frac{1}{\sqrt{5}}\left[\left(\frac{1+\sqrt{5}}{2}\right)^n - \left(\frac{1-\sqrt{5}}{2}\right)^n\right]$$

并且 $\lim\limits_{n \to \infty} \frac{a_n}{a_{n+1}} = \frac{\sqrt{5}-1}{2}$。斐波那契数列有着广泛的应用。它和现代的优选法有密切关系。所谓优选法就是，尽可能少做试验，尽快地找到最优生产方案的数学方法。20世纪70年代经著名数学家华罗庚的倡导，优选法在我国得到广泛的推广和应用，取得了很多成果。优选法中有个"0.618法"，其中的"0.618"就是 $\frac{\sqrt{5}-1}{2}$ 的近似值。因此，人们就可用相邻两个斐波那契数之比来近似代替0，618。在这基础上，人们还创造了一种"斐波那契法"，来寻找最优方案。

最使人们感到惊奇的是，自然界

探索
科学
未解之谜

tansuokexuewejiehimi

☆ 符合斐波那契数列的植物

很多现象都与斐波那契数列有关。科学家们发现蜜蜂的繁殖速度也符合斐波那契数列。除了动物的繁殖外，植物的生长也与斐波那契数列有关。如果一棵树每年都在生长，那么，一般说来，第一年只有主干，第二年有2枝，第三年有3枝，最后是5枝、8枝、13枝等，每年的分枝数正好为斐波那契数。还有一些学者发现自然界中花朵的花瓣数目也与斐波那契数有关。生物学中的"鲁德维格定律"，就是斐波那契数列在植物学中的应用。

对于以上现象怎样解释呢?是偶然的巧合吗?大多数科学家认为，绝不是巧合。是这些动植物也懂得优选法吗?不是!其实道理很简单，自然界的生物在进化过程中都不自觉地服从着一条原则——"适者生存"，只有按照最优方案发展，才能很好地生存下去，否则就会慢慢被淘汰。这个说法正确吗? 至今还在被人们研究和印证着。

·知识链接·

黄金分割法

把一条线段分割为两部分，使其中一部分与全长之比等于另一部分与这部分之比。其比值是 $(\sqrt{5}-1):2$，取其小数点后三位的近似值是0.618。由于按此比例设计的造型十分美丽柔和，因此称为黄金分割，也称为中外比。这个数值的作用不仅仅体现在诸如绘画、雕塑、音乐、建筑等艺术领域，而且在管理、工程设计等方面也有着不可忽视的作用。

☆ 我国著名数学家华罗庚

不可思议的"倍增效益"

两千多年前的希腊著名数学家阿基米德，曾经和当时的希腊国王打赌，让他在象棋格子盘（国际象棋每盘有64格）上每格每天放米，要求以后放的米粒数是前一天的一倍……等到国王按规则放完64格后，他竟然输掉了全国的谷仓！……这就是倍增法的神奇效应，从最初的一个很小的数字，最后变成成百上千甚至无穷大……其效果是一般人无法想象的。这不仅反映一个数字规律，生物界的很多生物的生长都是遵循这一规则的，包括我们人类的细胞变化……从一定程度上来说，是倍增法则造就了这个丰富多彩的世界，也是倍增规律令我们感受到世界的神奇。倍增法则的存在告诉我们，任何事物都是人类可以掌控的。倍增的规则引发的后果可能令人目瞪口呆，开始微不足道的数字会变成巨大的不可想象的数字。因此，如果有人用倍增法和你打赌，你一定不能应战。另外，刚开始听起来很占便宜的事情，往往会吃亏。下面这个故事就是一个关于倍增应用的有趣的故事。

从前国外有个贪财的大富翁，虽然已非常有钱，可是每天还在盘算着如何得到更多的钱。

一天，富翁在路上遇到一个衣着俭朴的年轻人，他连眼皮也没眨一下，就走了过去。年轻人自言自语地说："1分钱换10万元总会有人干的……"富翁一听，急忙回头叫住年轻人："喂，你说的换钱是怎么回事？"

年轻人很有礼貌地一鞠躬说："先生，是这样的，我可以在一个月内，每天给你送来10万元钱，虽然不是白给，但是代价是微不足道的，第一天只要你付我1分钱。"

"1分钱？"富翁简直不敢相信自己的耳朵。

"对，是1分钱。"年轻人说，"第二天再给你10万元时，你要付两分钱。"

富翁急切地问："以后呢？"

"第三天，付4分钱；第四天，付8分钱……以后每天付给我的钱数都要比前一天多一倍。"

"还有什么附加条件呢？"

"就这些，但我们俩都必须遵守

☆ 符合倍增法的植物

世上这样的人要是多几个多好，我们这些聪明人就会发了还要发，变成举世无双的大富豪了。

第三天，年轻人用10万元换走了4分钱。第四天换走8分钱，以后又是1角6分、3角2分、6角4分，七天过去了，富翁白白收入70万元，而付出的仅仅是1元2角7分，富翁真想把期限再延长些，哪怕多半个月也好呀！

年轻人照常每天送10万元来，第八天付给他1元2角8分，第九天付2元5角6分，第十天付5元1角2分，第十一天付10元2角4分，第十二天付20元4角8分，第十三天付40元9角6分，第十四天付81元9角2分。

十四天过去了，富翁已经收入整整140万元，而付出的才150元多一点。

又过了一段时间，富翁慢慢感到年轻人并不那么简单了，换钱也不像最初想象的那样合算了，十五天过后，每收入10万元，付出的已是几百元了，不过，总的来说还是收入的多，支出的少。

可是，随着天数的增加，支出在飞速地增大，纯收入在逐日减少，第二十五天，富翁支出167 772元1角6分，第一次超过了收入；第二十六天支出335 544元3角2分，大大超过了收入；到了第三十天支出竟达5 368 709元1角2分。

协定，谁也不准反悔！"于是，俩人签订了协定。

10万元换几分钱！真是难得的好事！富翁满口答应："好！就这样。"

第二天一清早，年轻人准时到来，他说："先生，我把10万元送来了。"随即从大口袋里掏出整整10万元，并对富翁说："下面该你付钱了。"

富翁掏出一分钱放在桌子上，陌生人看了看，满意地放入衣袋说："明天见。"说完走出门去。

10万元钱从天而降！天下最大的便宜事叫富翁遇上了，他赶忙把钱藏了起来。

第二天早晨，年轻人又来了，他拿出10万元，收下两分钱，临走时说："明天请准备好4分钱。"

第二个10万元又到手了！富翁乐得手舞足蹈。心想这个年轻人又蠢又怪！

年轻人最后一次离开时，富翁连续算了一昼夜，终于发现：为了收入330万元，他付出了10 737 418元2角3分，亏了近800万元，富翁失算了！

计算一下富翁付出的总钱数，以分为单位的话，就有以下三十个数相加：

1+2+4+8+16+32+64+……+538 870 912。为了算出这个和，可以写成算式：

1+2+4=2×2×2-1

1+2+4+8=2×2×2×2-1，

……

1＋2＋4＋8＋……+536 870 912=2×2×…×2-1

30个

=1024×1024×1024-1=1 073 741 823（分）

从一分钱到一千万，短短的三十天时间，就发生了如此不可思议的改变！这是一个以智慧取胜的故事。其实倍增就是一种智慧，可以被运用到生活各个方面。它带来的效果总是神奇的。

探索
科学
未解之谜
tansuokexueyijiezhimi

· 扩展阅读 ·

等差数列

高斯是德国数学家、天文学家和物理学家，被誉为历史上最伟大的数学家之一，和阿基米德、牛顿并列，同享盛名。

高斯1777年4月30日出生于不伦瑞克的一个工匠家庭，1855年2月23日卒于格丁根。幼时家境贫困，但聪敏异常，受一贵族资助才进学校受教育。1795～1798年在格丁根大学学习，1798年转入黑尔姆施泰特大学，翌年因证明代数基本定理获博士学位。从1807年起担任格丁根大学教授兼格丁根天文台台长直至逝世。

高斯7岁那年，父亲送他进了耶卡捷林宁国民小学，读书不久，高斯在数学上就显露出了常人难以比拟的天赋，最能证明这一点的是高斯10岁那年，教师彪特耐尔布置了一道很繁杂的计算题，要求学生把1到100的所有整数加起来，教师刚叙述完题目，高斯即刻把写着答案的小石板交了上去。彪特耐尔起初并不在意这一举动，心想这个小家伙又在捣乱，但当他发现全班唯一正确的答案属于高斯时，才大吃一惊。而更使人吃惊的是高斯的算法，他发现：第一个数加最后一个数是101，第二个数加倒数第二个数的和也是101，……共有50对这样的数，用101乘以50得到5050。这种算法是教师未曾教过的计算等差级数的方法，高斯的才华使彪特耐尔十分激动，下课后特地向校长汇报，并声称自己已经没有什么可教高斯的了。

为数字"配偶"

前面提到过，著名的数学家毕达哥拉斯创立了用哲学思想阐释数字的学说，被人们称奇，而进一步，他将数学中枯燥的数字赋予了感情色彩，将它们都活化，富有生命力。他认为它们就像人一样，之间充满了各种丰富的情感和相关的联系。数字和数字之间，也像人和人之间一样，有排斥性和相亲性。如果一个数与除本身之外的所有因数相加后得到另一个数，那么，这两个数字之间就是"相亲数"。那么自然数中这种相亲数共有多少个呢？让我们一起来寻找答案吧！

人与人之间会产生感情，尤其是异性之间，往往由这种感情结合在一起组成家庭，形成配偶。但是数字和数字之间也有这样的关系，你是不是觉得不可思议。但这是千真万确的，而且数学家们为了给数字们寻找配偶，在过去的两千多年时间里，煞费苦心，辛苦求亲，终于发现了一千多对数字"配偶"，他们还在继续努力，为更多的数字配偶！

公元前6世纪，古希腊有个毕达哥拉斯学派，学派的创始人是数学家毕达哥拉斯。这个学派特别喜欢数、推崇数，他们把人性也赋予了数。比如，他们把大于1的奇数象征为男性，起名叫"男人数"；把偶数看做女性，叫"女人数"（也有史书记载，把奇数象征女性，偶数象征男性）。

数5是第一个男人数与第一个女人数之和，它象征着结婚或联合。

人之间讲友谊，数之间也有"相亲相爱"可言。毕达哥拉斯学派的人常说："谁是我的好朋友，我们就会像220和284一样。"为什么220和284象征着好朋友呢？原来220除去本身以外还有11个因数，它们是1、2、4、5、10、11、20、22、44、55、110。这11个因数之和恰好等于284。同样，284的因数除去它本身还有1、2、4、71、142，它们的和也恰好等于220。即

$$1+2+4+5+10+11+20+22+44+55+110=284$$

$$1+2+4+71+142=220。$$

这两个数是你中有我，我中有你，相亲相爱，形影不离。古希腊的数学家给具有这样性质的两个数，起

名叫"相亲数"或"亲和数"。

220和284是人类发现的第一对"相亲数"，也是最小的一对"相亲数"。17世纪法国数学家费马找到了第二对"相亲数"17296和18416；几乎在同一时期，另一位法国数学家找到了第三对"相亲数"9363544和9437056。最令人震惊的是，瑞士著名数学家欧拉于1750年一次就公布了六十对"相亲数"。数学家惊呼："欧拉把一切'相亲数'都找完了！"

谁料想，又过了一个世纪，意大利一位年仅十六岁的青年巴格尼于1866年公布了一对"相亲数"，它们只比220和284稍大一点，是1184和1210。前面提到的几位大数学家竟无一人找到它们，让这对不大的"相亲数"从鼻子底下轻易地溜走了。

探索
科学
未解之谜
tansuokexueweijiezhimi

最近，美国数学家在耶鲁大学的电子计算机上，对所有110万以下的数逐一进行了检验，总共找到了四十二对"相亲数"。下面列出 10万以内的十三对"相亲数"：

$220 = 2 \times 2 \times 5 \times 11$，
$284 = 2 \times 2 \times 71$；

$1\,184 = 2 \times 2 \times 2 \times 2 \times 2 \times 37$，
$1\,210 = 2 \times 5 \times 11 \times 11$；

$2\,620 = 2 \times 2 \times 5 \times 131$，
$2\,924 = 2 \times 2 \times 17 \times 43$；

$5\,020 = 2 \times 2 \times 5 \times 251$，
$5\,564 = 2 \times 2 \times 13 \times 107$；

$6\,232 = 2 \times 2 \times 2 \times 19 \times 41$，
$6\,368 = 2 \times 2 \times 2 \times 2 \times 2 \times 199$；

$10\,744 = 2 \times 2 \times 2 \times 17 \times 79$，
$10\,856 = 2 \times 2 \times 2 \times 23 \times 59$；

$12\,285 = 3 \times 3 \times 3 \times 5 \times 7 \times 13$，
$14\,595 = 3 \times 5 \times 7 \times 139$；

$17\,296 = 2 \times 2 \times 2 \times 2 \times 23 \times 47$，
$18\,416 = 2 \times 2 \times 2 \times 2 \times 1151$；

$63\,020 = 2 \times 2 \times 5 \times 23 \times 137$，
$76\,084 = 2 \times 2 \times 23 \times 827$；

$66\,928 = 2 \times 2 \times 2 \times 2 \times 47 \times 89$，
$66\,992 = 2 \times 2 \times 2 \times 2 \times 53 \times 79$；

$67\,095 = 3 \times 3 \times 3 \times 5 \times 7 \times 71$，
$71\,145 = 3 \times 3 \times 3 \times 5 \times 17 \times 31$；

$69\,615 = 3 \times 3 \times 5 \times 7 \times 13 \times 17$，
$87\,633 = 3 \times 3 \times 7 \times 13 \times 107$；

$79\,750 = 2 \times 5 \times 5 \times 5 \times 11 \times 29$，
$88\,730 = 2 \times 5 \times 19 \times 467$。

这里把自然数都分解成质因数的连乘积，有了质因数就可以找出

☆ 毕达哥拉斯

这个数的所有真因数，进而就可以判断两个数是不是相亲数。比如，220＝2×2×5×11，284＝2×2×71，其中220所含的质因数是2、5、11，这时就可以知道220的因数是1、2、2×2、5、2×5、11、2×2×5、2×11、2×2×11、5×11、2×5×11，一共是11个，这11个数相加恰好等于284；而284的质因数是2、2、71，由它们和1组成的因数是1、2、2×2、71、2×71，共5个，这5个真因数之和恰好是220，这样一来就证明了220和284是一对"相亲数"。由上面做法不难看出，把一个数分解为质因数的连乘积是寻找或证明"相亲数"的关键。

目前，找到的"相亲数"已经超过一千对。但是，"相亲数"是不是有无穷多对？它们的分布有什么规律

性？这些问题到目前为止数学家也没有得到确定的答案。这还是一个有待探索的课题。

1946年，第一台计算机的诞生，结束了笔算寻找相亲数的历史。据20世纪70年代统计，人们共找到一千二百多对相亲数，并且，有人还曾有序不漏地用计算机检验与搜寻相亲数，例如近十年来，美国数学家在耶鲁大学先进的计算机上，对所有100万以下的数逐一进行检验，总共找到了四十二对相亲数，发现不超过107 512的仅有十三对，部分地消除了对欧拉等人列出的相亲数数表的疑虑。但因计算机功能与数学方法的不够，还没有重大突破，越往下去，难度更大。

目前，寻找相亲数还有许多有待探求的问题，如：目前找到的每一对相亲数所含的两个数，总是同时为偶数或同时为奇数，是否存在一个是偶数，而另一个是奇数的相亲数？目前找到的奇相亲数均是3的倍数，这是偶然性，还是必然规律？等等。

五千年的人类文明给我们留下了浩瀚无边的知识大海。在汪洋大海中最古老也最深沉的是数。数的理论研究成为科学基础的基础。德国大数学家高斯曾把数的理论置于科学之巅，这一点也不过分。然而，时至今日，这个数的世界仍然是一个充满神秘的

威严的"胡夫金字塔"，这里涉及的"亲和数"也是其中一个最富有传奇色彩的世界难题，有许多谜待揭开，谁揭开谜谁就是英雄好汉。

上面回顾两千多年数学家的不懈努力，发现了一千对以上的相亲数，"看似平凡最崎岖，成如容易确艰辛"，未来的工作正等待着不畏困苦的数学家与计算机专家，"路漫漫其修远兮，吾将上下而求索"。

· 知识链接 ·

数学当中的哲学思维

数学和哲学，看似两个毫不相关的学科，其实存在着某种深刻而又紧密的联系。因为数学和哲学虽然表达方式不同，但是都是对自然界规律的总结和探讨，数学当中的一些规律其实就是哲学思想的来源和最好证明。许多数学思想都始于哲学思想，受到新的启示。生活于两千多年前的古希腊数学家兼哲学家毕达哥拉斯就提出过许多由数学引发的哲学思想，并且能用哲学思想来阐述数学。1～10自然数的哲学解释就是他有名的论数之一。

枯燥无味的数字，用哲学来阐释，就变得鲜活而富有生命力。第一个这样做的人是毕达哥拉斯。

毕达哥拉斯是古希腊最博学、最富有世界文化色彩的人物之一。他一生在哲学、科学和宗教方面作出了许多重要的贡献，也留下一些不解之谜，这些难解之谜既与他深奥的思想有关，也与他传奇般的经历有关。

毕达哥拉斯最独特的思想与他对数字作的哲学解释有关，其中最有趣的是他的数的分类表。毕达哥拉斯认为，从"1"到"10"是神圣的数，"1"代表理性，是创造者，由"1"产生原始的运动或"2"，接着就产生第一个数"3"，"3"就是宇宙。而在10个数中，"4"比其他任何数都具有更多象征的价值，它是宇宙的创造主的象征，又是创造主创造宇宙时的数的模型，因为物理对象是由点、线、面、体这种"4"的流动过程产生出来的。"5"处于"10"的中间，是中间数，包含了一个雄性的奇数"3"和雌性的偶数"2"。"6"是第一个完美的数"5"和"1"相加的结果，它代表生命本性的6个等级，从精子开始，一直到神的生命，达到最高点。"7"这个数有独特之点，在10个数中，"7"唯一不是任何数的因子，又不是任何数的乘积的数。"8"为第一个立方数，即$2^3=8$。"9"是"3"的平方，是在"10"以前的最后一个数，所以占有重要的地位。"10"是最完美的数，因为1、2、3、4之和就是"10"。这使一些学者联想到中国易学中的"河图"，"河图"数也由从1到10的自然数而构成。

这些独到而新颖的阐述就像一把钥匙，打开了一道数学和哲学之间彼此隔离的大门，引导人们将不同的科学内容结合起来，向更深的领域开拓。而同时，这一阐述也打开了一座迷宫，吸引人们从数学世界中揭开更多的哲学奥秘，或者从哲学思想中找到数学的发展方向。

第三章

物理学未解之题

在现代，物理学已经成为自然科学中最基础的学科之一。经过大量严格的实验验证的物理学规律被称为物理学定律。"物理"二字出现在中文中，是"格物致理"四字的简称，即考察事物的形态和变化，总结研究它们的规律的意思。物理学之所以被人们公认为一门重要的科学，不仅仅在于它对客观世界的规律作出了深刻的揭示，还因为它在发展、成长的过程中，形成了一整套独特而卓有成效的思想方法体系。正因为如此，使得物理学当之无愧地成了人类智能的结晶，文明的瑰宝。在物理学发展中，也积累了许多难解的谜题：如核聚变效应能否实现人控？物理学定律能否实现统一？物质的结构是否会有新的发现？……这当中每一个谜题地揭开，都将代表着物理学的一大进步和飞跃。

物理学定律能被统一起来吗？

苹果落向地面，一道闪电划过长空，核电站反应堆里的铀原子衰变同时放出能量，超级加速器击碎质子：这几种现象代表着自然界中四种基本力的作用，也就是引力、电磁力、弱力和强力。宇宙间所有的物理现象都可以用这四种基本力进行解释。但是科学家并不满足。有没有可能把这四种力统一成为一种？20世纪60年代，物理学家发现弱力和电磁力是可以统一起来的，它们是一种事物的不同侧面，统称电弱力。但是其余两种力是否可以和它统一起来？

相对论和量子论的建立构成了现代物理学两大支柱，并为其他科学分支打开了广阔的天地。但是，作为基础的理论物理学曾经拥有的辉煌在近几十年中黯淡下来了，物理学早已经从"搜集材料的科学"发展成为了"整理材料的科学"。过去几十年的实验仅仅验证了已有的理论，并未揭示出需由新规律解释的新现象，以至于越来越多的科学家不得不承认未来岁月不再有任何重大的新发现足以与牛顿、爱因斯坦赐给我们的那些发现相媲美；科学的任务只是补充大量的细节而已，产生枝节性结果；我们有了基本框架，只要填填漏洞就行了；越来越多的科学书籍也只是停留在夸夸其谈的水平。

有人曾预言科学的没落及非理性的复活将开始于上世纪末，我们所做的一切都不足以抑制物理学在总体上、在社会支持和社会价值上的衰退趋势，我们无奈地看到物理学对人才的吸引力不断减弱。物理学是许多学科的基础，当我们沉浸在对科技发展带来的社会经济巨大利益的乐观情绪时，一些西方学者看到了它的没落，他们悲哀地预感物理学基本定律不断被发现、激动人心、惊世骇俗的年代真的一去不复返了，求真、纯粹和经验的科学已经结束。

不过仍有许多科学家反对那种认为纯科学已走到尽头的观点，他们普遍认为某些惊人的理论和发现已迫在眉睫，理论物理学更深入的发展即将莅临。人们期待的这种理论就是所谓的"大统一"理论，幻想某一天发现宇宙规则，从而一劳永逸地解决一切有待研究的基本理论问题。许多科学主义者也不得不用对"大统一"的期待来支撑自己的信念。这些现象表明科学对形而上学产生了从未有过的焦虑。科学家相信自然界复杂现象中必然有某种暗含的简单规律在起作用，这些规律已经体现在量子论、相对论、自然选择等理论之中。支配世界的行为法则肯定比现在的物理学定律更为玄妙，它有已知理论没有的特征，具有某种不容置疑的自然主义色彩。我们不敢肯定解析时空理论就是"大统一"理论，但我们至少认为它向这个目标迈出了重要的一步，它的简明性给了人们一种新的方法论启迪。如果对未知的追求走到了尽头，还有什么能够赋予我们存在的意义呢？终极理论会让我们陷入解释的无限循环之中，因此我们坚信科学上不存在什么终极理论，除非人类沦落到由他们制造的机器智慧所支配的地步。

谈到大统一理论，我们应当注意到，物理学家无论在他们自己的领域，还是在他们借以描述问题的数学精确性方面都作出了真正显著的成果。一个新的宇宙图景正在出现，这是一个高度统一的图景。在这一图景中，宇宙的粒子和力都起源于单一的"超大统一力"，尽管它们分离成了不同的动力学事件，但它们仍然相互作用。时空是粒子和力在其中成为整合要素的动力学连续统一，每一个粒子，每一个力都影响其他的粒子和力，在自然界中没有孤立的力和事物，只存在具有不同特征的相互作用的事件群。

人们已经证明，把注意力聚焦在实体的基础或最低层次是由经典理论留下来的一个不必要的思想包袱，因为经典理论试图根据宇宙的最终构建块（原子）的各种不同特性的结合来解释所有事物。今天，一组相互协调一致的、抽象的、大多数是不可见的实体已代替了在外力的影响下运动的钢球状的原子概念。物理世界的过程不再涉及支配单个粒子行为的规律，物理学现在并不根据基本实体群来进行解释，即使这些实体不是原子而是夸克、交换粒子、超弦或其他将被发现的更抽象的单位。这是很重要的，因为在典型的生命层次上的复杂现象不大可能通过唯一地以宇宙的最小构建块（无论它们的运动计算得多么精确）为基点的方程来描述。

相互作用和自我组织宇宙的图景似乎仍具有活力，尽管描述它的理论还不完善。要想看到物理学是如何返回到由动力学的力支配的宇宙，返回到在外部平衡中互不联系事件的拼凑件组成的宇宙，是很困难的。

从反面来看，应当认识到，尽

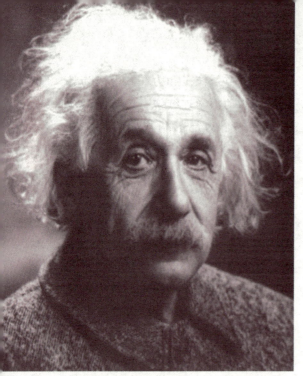

☆ 现代物理学的奠基人——爱因斯坦

管在技术理由方面大统一理论取得了显著成绩，但它们的范围和意义还并不十分清楚。科学家一直太专注于构建统一其观察到的现象的数学了，以致不能大胆地更深入地研究它们的公式的含义；而哲学家作为他们时代知识的传统阐释者已经基本上被抛开了——很少有例外，他们都没有能赶上最新的发展。

思维缺乏深刻性的现象正在显示出来。在最初的一阵成功后，一些科学家声称他们的大统一理论几乎能够解释任何事物，但就物理学的大统一和超大统一理论而言，贴上"所有事物的理论"的标签明显是夸大其词。

正如我们看到的，大统一理论不能满意地解释空间和时间中物质的连续演进的结构化。当然，能够描述支配宇宙中连续构建结构和复杂性的规律的理论是可能的，至少在原则上是可能的，但问题是这种理论是否能通过把物理学规律扩展来进行精确描述，或是否需要以某种方式超越物理学规律。很明显，更为复杂的自然领域不再是物理性质的领域，作为传统意义上的物理学理论不包括它们。不过当前的物理学理论也许可以被普遍化（或者如有必要，利用附加因素去完善它）以便能跨物理学领域，这同时也意味着，目前的大统一理论并非是包罗万象和十全十美的。

那么，"大一统"理论能不能被人类找到并引起物理学激动人心、惊世骇俗的新发现呢？我们只能等待科学家和后继者们给我们寻找到答案。

·知识链接·

M理论

这是一个为"物理的终极理论"而提议的理论，希望能藉由单一个理论来解释所有物质与能源的本质与交互关系。其结合了所有超弦理论（共五种）和十一维的超引力理论。为了充分了解它，爱德华·威滕（Edward Witten）博士认为需要发明新的数学工具。1984～1985年，弦理论发生第一次革命，其核心是发现"反常自由"

的统一理论；1994～1995年，弦理论又发生既外向又内在的第二次革命，弦理论演变成M理论。第二次弦革命的主将威滕被美国《生活》周刊评为二次大战后第六位最有影响的人物。

超对称性

同弦理论一样，M理论的关键概念是超对称性。所谓超对称性，是指玻色子和费米子之间的对称性。玻色子是以印度加尔各答大学物理学家玻色(S.N.Bose)的名字命名的；费米子是以建议实施曼哈顿工程的物理学家费米(E.Fermi)的名字命名的。玻色子具有整数自旋，而费米子具有半整数自旋。相对论性量子理论预言，粒子自旋与其统计性质之间存在某种联系，这一预言已在自然界中得到令人惊叹的证实。

在超对称物理中，所有粒子都有自己的超对称伙伴。它们有与原来粒子完全相同的量子数(色、电荷、重子数、轻子数等)。玻色子的超对称伙伴必定是费米子；费米子的超对称伙伴必定是玻色子。尽管尚未找到超对称伙伴存在的确切证据，但理论物理家仍坚信它的存在。他们认为，由于超对称是自发破缺的，超对称伙伴粒子的质量必定比原来粒子的大很多，所以才无法在现有的加速器中探测到它的存在。

局部超对称性，还提供将引力也纳入物理统一理论的新途径。爱因斯坦广义相对论，是根据广义时空坐标变换下的某些要求导出来的。在超对称时空坐标变换下，局部超对称性则预言存在"超引力"。在超引力理论中，引力相互作用由一种自旋为2的玻色子(引力子)来传递；而引力子的超对称伙伴，是自旋为3/2的费米子(引力微子)，它传递一种短程的相互作用。

时间的定义

在M理论体系中，时间分为两种，一种是我们世俗意义上的时间（即现行宇宙对人类意义上的时间）。还有一种被定义为"虚时间"，虚时间没有所谓的开端和终结，而是一直存在的时间，是用于描述超弦的一条无矢坐标轴。

引力与其他力的统一

M理论认为能量在自身维度下不守恒，能量会在自身绮翘中逃逸到其他膜，而弦分为开弦和闭弦，引力子弦与另三种弦不同，是一个自旋为2、理论中被定义为自由的闭弦，可以被传播到宇宙膜外的高维空间以及其他宇宙膜，故能量场在自身维度（现行宇宙空间）下逃逸了更多。

宇宙的定义

在M理论中存在无数平行的是膜，膜相互作用碰撞导致产生四种基本力子，产生电磁波和物种（宇宙大爆炸的原因）。

受控核聚变能成功吗？

1938年，物理学家哈恩分裂铀原子核，最初应用于原子弹，后来才和平利用。天体物理学家发现，太阳通过氢核聚变产生能量，最初的运用是氢弹，和平利用还有待于未来。如果核聚变能控制并且运用于人类的生活，那么产生的效益是相当巨大的，对地球燃料资源的日益匮乏无疑也是一个福音。但是要实现这一步，还需要解决许多实际的问题。比如，氢核聚变的前提是1亿度高温，如何建造能承受如此高温的熔炉？如果成功的话，用7克氢核燃料就能够产生6吨煤的能量，而且氢核燃料是从水中提取的，用之不尽，对人类和环境的危害也只是现在能源的1%。

核聚变就是指由质量小的原子（主要是氘或氚），在一定条件下（如超高温和高压），发生原子核互相聚合作用，生成新的质量更重的原子核，并伴随着巨大的能量释放的一种核反应形式。目前人类已实现了不受控制的核聚变（如氢弹的爆炸），它只是运用于战争，且造成的能量爆发是人类无法掌控和估计的，带来的损失后果也可想而知。物理学家们试图利用这种核聚变的巨大能量，作为未来人类的新能源，于是提出了所谓的"受控核聚变"。

受控核聚变是在一定的条件下，控制核聚变的速度和规模，实现安全、持续、平稳的能量输出。受控核聚变技术难度极高，核聚变的条件相当苛刻，要求具有足够高的点火温度（几千万摄氏度甚至几亿摄氏度的高温）、非常低的气体密度（相当于常温常压下气体密度的几万分之一），并保持温度和密度足够长的时间等。目前发现的主要受控核聚变方式有：超声波核聚变、激光约束（惯性约束）核聚变、磁约束核聚变（托卡马克）。由于受控核聚变具有原料充足、经济性能优异、安全可靠、无环境污染等优势，因而有望成为人类取之不尽、用之不竭的理想能源。

1991年11月9日，从英国传来了一个振奋人心的喜讯：科学家们首次成功地实现了受控核聚变反应。这一喜

☆ 原子弹爆炸形成的蘑菇云

讯，在世界科学界、经济界引起了巨大的轰动，认为这是人类利用核能历史上的一个里程碑。

受控核聚变为什么如此吸引人呢？大家知道，最早被人所发现的原子能是重元素的原子核裂变时产生的能量，人们利用这一原理造出了原子弹。后来，科学家们从太阳上的热核反应得到启发，制造成功了氢弹，这就是核聚变。把核裂变反应控制起来，就可以建造原子能发电站，这已经成了事实；同样，如果能把核聚变

反应也控制起来，那将是一件了不起的大事。我们知道，地球上的煤、石油、铀等资源有限，最多只能用上千年，而核聚变反应的燃料氘和氚却是取之不尽、用之不竭的。它们来自浩瀚的海洋，每1千克海水中，就可以提取0.03克的氘，而1千克海水中所含的氘在聚变中所产生的能量，可抵得上300公升汽油燃烧的能量。有人计算过，单是大洋里的水就有13.7亿立方千米，在这么多海水中，大约储藏着两万亿吨氘，即使人类需要的能源比现在增加一千倍，也够用上亿年。受控核聚变如此诱人的利用前景和如此广阔的运用空间令对它的研究倍显经济和社会价值，因此受到当今各个科技大国的普遍重视。

到目前为止，受控核聚变的产生经历了以下几个阶段：

1. 史前时期（1920～1938）

对聚变能量的研究最早可以追溯到20世纪20年代。在那时，物理学家Aston就已经测量了氢元素的"质量损失"现象，这一现象揭示了在从较轻的元素形成一个氦核时获取大量能量的可能性。在此发现之后，英国天文学家Eddington提出星体的能量来源是"亚原子"，并梦想"人类将会有一天学会释放它（这种能量）并按自己的意愿利用它"。1938年美国就开始进行将等离子气体限定在磁场

☆ 原子弹爆炸的巨大威力
中的试验。

2. 先行者的时代（1946～1958）

二战刚刚结束，一波热核研究的国际性浪潮就爆发了。1946年，有一个著名的事件：伦敦大学的Thomson和Blackman注册了一个聚变反应堆的专利。尽管他们发明的设施总体上说过于乐观，但已经提出了一个环形的真空室和由射频波产生的电流，而这正是今天的托卡马克装置的两个重要基石。

20世纪50年代，冷战期间，聚变被视为最高机密。美国、前苏联和英国加强了他们在这方面的研究，法国、德国和日本在1955年稍晚的时候也加入了进来。

3. 首次国际合作（1958～1968）

1958年是受控核聚变历史上的一个重要转折点，这一年在日内瓦召开了"和平利用原子能"会议，会议上揭开了秘密研究的面纱，各个国家揭示了他们所工作的磁场配置：环型脉冲，星形装置，镜像机器，Z和theta节。磁性约束装置的基础已经打下，

如同前苏联物理学家Artsimovitch在会议闭幕时的致词："我们在这里，目睹着解决聚变反应堆所需的技术基础的曙光出现。"物理学家们同时也意识到由于等离子的不稳定，磁场的丢失等等，掌握核聚变技术成为一件很困难的事情。物理学家E．Teller说："我想（受控核聚变）也许能做到，但我不认为在这个世纪它会有实际的重要性。"为迎接核聚变技术所面对的科学和技术上的挑战，人们发起了世界范围的合作。在欧洲，欧洲原子能机构EURATOM和它的成员国的研究组织联合起来，协调前进。1959年，成立了EURATOM-CEA，就是这一合作的第一个产物。这一机构早于目前的国际研究组织（EFDA，ITER项目）。目前EFDA更加重要，它提供了研究所需的巨大资源。

4. 托卡马克时期（1968至今）

1968年，Kurchatov研究所的科学家发布了轰动一时的结果：他们获得了远超他人的性能，通过一个特殊的磁性装置——托卡马克。1969年一个英国小组前往莫斯科，测量了T3托卡马克装置的温度，确定了他们的成果，这时冷战正酣。这一里程碑式的事件同时也开启了其他国家的托卡马克时代。他们纷纷更换了受控核聚变研究中的磁性装置。今天，只有星形装置还被认为是托卡马克的可能的替

代品，尽管它的性能远低于后者。

1973年到1976年法国的托卡马克装置领先世界，在放电时间长达120秒的条件下，等离子体温度达2000万℃。限定和加热等离子的关键结果就是在这个装置中获得的。

20世纪70年代中期之后，建造大型托卡马克装置（JET，JT60，TFTR）的项目纷纷上马。这一热潮受益于科学研究所取得的激动人心的进展和对聚变研究资金投入的明显增加。法国曾经以TFR机器帮助欧洲进入托卡马克时代，20世纪80年代也开始建造大型超导环型线圈托卡马克－TORESUPRA，以为持续的核聚变反应提供技术和设施。这一装置在1988年投入使用。

5.现状：三十年来取得的进步

在过去三十年里，受控核聚变方向上取得的明显进步：等离子的能量平衡，标志以密度、温度和能量的约束时间的三重积，增长了一千倍！这一飞跃可以与微处理器的发展速度相比。20世纪90年代末期，在JET和JT60－U托卡马克装置上，获取了氘的等离子，系统的能量输入和输出接近平衡，也就是说输入装置用以加热混合的氘和氚的能量大致和它们聚变产生的能量相当。在性能取得巨大进步的同时，大型托卡马克装置中的聚变脉冲时间也延长到2分钟

（TORESUPRA），开启了持续核聚变反应堆之门。另一个重要进步是1997年在JET上取得的，从氘氚混合体中聚变得到了17MW的能量。

聚变三重积，通过聚变反应使产生的能量比为了产生和维持等离子体所需的能量更高，必须满足劳逊判据。也就是说，离子密度和能量约束时间的数学乘积必须大于一定值，该值取决于聚变反应的大小。在氘-氚聚变中，这一值约为$21020m^{-3}s$。

实施受控核聚变需要超过当前托卡马克装置所取得的条件：三重积需要取得大约到10的因子。聚变脉冲时间必须足够长，以保证装置的持续运行。因此，在相当长（超过1000秒）中维持聚变脉冲，用聚变反应的粒子加热等离子，就是下一个阶段的关键目标。这一新挑战将落到国际合作的ITER项目上，而它也将是建立聚变反应堆的工业原型的前哨。

核聚变是最振奋人心的研究项目之一，一旦技术成熟，能源问题将不再困扰人类。但是实现伟大的目标的过程总是艰辛的，到本世纪中，恐怕都不会有真正成功的应用。实现受控聚变的途径目前有两个：一是磁约束，另一个是惯性约束。而自然界中的聚变通常发生在恒星内部，是引力约束。人类实现的第一次人工受控聚变就是氢弹。然而除了用于战争杀人

之外，氢弹所释放的巨大能量还不能被人类和平地利用。但和平利用聚变能，为人类造福，在氢弹爆炸成功之后，就成了物理学家们的心愿。

在磁约束聚变方面，前苏联人功不可没：现在前景最看好的聚变装置（Tokamak）就是他们发明的。随着前苏联的解体，俄国人在聚变方面的影响力大大降低。目前世界上正在运行的几个主要装置都不在俄国，而是在美国、日本和欧洲。与这些发达国家相比，中国在磁约束聚变方面的研究要落后不少。但由于政府日渐重视国家的远景能源，现在对聚变研究的投资力度正在加大。

惯性约束聚变是利用高功率的激光束或粒子束辐照聚变燃料，聚变燃料被压缩至高温（5千万度以上）高密度（600g/cm³）发生聚变。由于这个过程与氢弹有相似之处，惯性约束聚变研究从一开始就是处于保密状态。也由于惯性约束聚变与氢弹有关，几个核大国在20世纪60年代就开始了各自的研究。1994年，美国Lawrence Livermore National Laboratory解密了他们在20世纪90年代以前的实验结果。

实现受控聚变是一个比登月还要困难得多的科学工程。这个科学工程从20世纪50年代启动，到现在人们还没有建立起一个可用于发电的聚变反应堆。大家拭目以待，迎接这个物理学难题被人类攻克的一天。

将核能"量化"的质能转换公式

能量等于质量乘以光速的平方，这就是爱因斯坦的质能转换公式。这个简单的方程消除了质量与能量之间的鸿沟，意味着一点点物质就可以转化为巨大的能量，人类又获得了一个改变世界的强有力的手段，其意义可以与火的使用相媲美。

质能转换公式简介

质能转换公式，就是爱因斯坦在相对论中提出来的：

$E=mc^2$（E表示能量静能，m表示质量，c^2表示光速常量的平方）。

1905年，伟大的物理学家爱因斯坦提出了一个令人难以置信的理论：物质的质量和能量可以互相转化，即质量可以转化成能量，能量可以转化成质量。他指出，任何具有质量的物体，都贮存着看不见的内能，而且这个由质量贮存起来的能量大到令人难以想象的程度。如果用数学形式表达质量与能量的关系的话，某个物体贮存的能量等于该物体的质量乘以光速的平方。写成公式就是：$E=mc^2$。

宇宙射线从何而来？

来自宇宙空间，包括微中子、伽马射线光子和各种其他的亚原子散粒子在内的各种粒子中，能量最强的被称为宇宙射线。它们无时无刻不在轰炸着地球。有时候，宇宙射线强大之极，它们必定是在威力惊人的催化剂作用下，产生于宇宙的加速器之中。对它的来源科学家有几种猜测：可能是宇宙大爆炸本身，可能是超新星发出的冲击波与黑洞发生撞击，也可能是星系中央的物质被吸入巨大的黑洞时所产生的加速作用。了解了这些粒子如何产生以及如何获得如此巨大的能量，将会让我们对这些剧烈冲撞的物体的行为方式有所了解。所谓宇宙射线，指的是来自于宇宙中的一种具有相当大能量的带电粒子流。1912年，德国科学家韦克多·汉斯带着电离室在乘气球升空测定空气电离度的实验中，发现电离室内的电流随海拔升高而变大，从而认定电流是来自地球以外的一种穿透性极强的射线所产生的，于是有人为之取名为"宇宙射线"。宇宙射线和地球上的许多现象都有关系。但是直到今天，人们也无法确切说出它是什么地方产生的。

初生的地球，固体物质聚集成内核，外周则是大量的氢、氦等气体，称为第一代大气。

那时，由于地球质量还不够大，还缺乏足够的引力将大气吸住，又有强烈的太阳风（是太阳因高温膨胀而不断向外抛出的粒子流，在太阳附近的速度约为每秒350千米～450千米），所以以氢、氦为主的第一代大气很快就被吹到宇宙空间。地球在继续旋转和聚集的过程中，由于本身的凝聚收缩和内部放射性物质（如铀、钍等）的蜕变生热，原始地球不断增温，其内部甚至达到炽热的程度。于是重物质就沉向内部，形成地核和地幔，较轻的物质则分布在表面，形成地壳。

初形成的地壳比较薄弱，而地球内部温度又很高，因此火山活动频繁，从火山喷出的许多气体，构成了第二代大气即原始大气。

原始大气是无游离氧的还原性大气，大多以化合物的形式存在，分子量大一些，运动也慢一些，而此时地

☆ 能量超强的宇宙射线

球的质量和引力已足以吸住大气，所以原始大气的各种成分不易逃逸。以后，地球外表温度逐渐降低，水蒸气凝结成雨，降落到地球表面低凹的地方，便成了河、湖和原始海洋。当时由于大气中无游离氧（O_2），因而高空中也没有臭氧（O_3）层来阻挡和吸收太阳辐射的紫外线，所以紫外线能直射到地球表面，成为合成有机物的能源。此外，天空放电、火山爆发所放出的热量，宇宙间的宇宙射线（来自宇宙空间的高能粒子流，其来源目前还不了解）以及陨星穿过大气层时所引起的冲击波（会产生几千摄氏度到几万摄氏度的高温）等，也都有助于有机物的合成。但其中天空放电可能是最重要的，因为这种能源所提供的能量较多，又在靠近海洋表面的地方释放，在那里作用于还原性大气所合成的有机物，很容易被冲淋到原始

海洋之中。

虽然当宇宙射线到达地球的时候，会有大气层来阻挡住部分的辐射，但射线流的强度依然很大，很可能对空中交通产生一定程度的影响。比方说，现代飞机上所使用的控制系统和导航系统均由相当敏感的微电路组成。一旦在高空遭到带电粒子的攻击，就有可能失效，给飞机的飞行带来相当大的麻烦和威胁。

还有科学家认为，长期以来普遍受到国际社会关注的全球变暖问题很有可能也与宇宙射线有直接关系。这种观点认为，温室效应可能并非全球变暖的唯一罪魁祸首，宇宙射线有可能通过改变低层大气中形成云层的方式来促使地球变暖。这些科学家的研究认为，宇宙射线水平的变化可能是解释这一疑难问题的关键所在。他们指出，由于来自外层空间的高能粒子将原子中的电子轰击出来，形成的带电离子可以引起水滴的凝结，从而可增加云层的生长。也就是说，当宇宙射线较少时，意味着产生的云层就少，这样，太阳就可以直接加热地球表面。

对过去二十年太阳活动和它的放射性强度的观测数据支持这种新的观点，即太阳活动变得更剧烈时，低空云层的覆盖面就减少。这是因为从太阳射出的低能量带电粒子（即太阳

探索
科学
未解之谜
tausuokexueweijiezhimi

风）可使宇宙射线偏转，随着太阳活动加剧，太阳风也增强，从而使到达地球的宇宙射线较少，因此形成的云层就少。此外，在高层空间，如果宇宙射线产生的带电粒子浓度很高，这些带电离子就有可能相互碰撞，从而重新结合成中性粒子。但在低空的带电离子，保持的时间相对较长，因此足以引起新的云层形成。

此外，几位美国科学家还认为，宇宙射线很有可能与生物物种的灭绝与出现有关。他们认为，某一阶段突然增强的宇宙射线很有可能破坏地球的臭氧层，并且增加地球环境的放射性，导致物种的变异乃至于灭绝。另一方面，这些射线又有可能促使新的物种产生突变，从而产生出全新的一代。这种理论同时指出，某些生活在岩洞、海底或者地表以下的生物正是由于可以逃过大部分的辐射才因此没有灭绝。从这种观点来看，宇宙射线倒还真是名副其实的"宇宙飞弹"。

今天，人类仍然不能准确说出宇宙射线是由什么地方产生的，但普遍认为它们可能来自超新星爆发、来自遥远的活动星系；它们无偿地为地球带来了日地空间环境的宝贵信息。科学家希望接收这些射线来观测和研究它们的起源和宇宙环境中的微观变幻。

☆ 宇宙射线

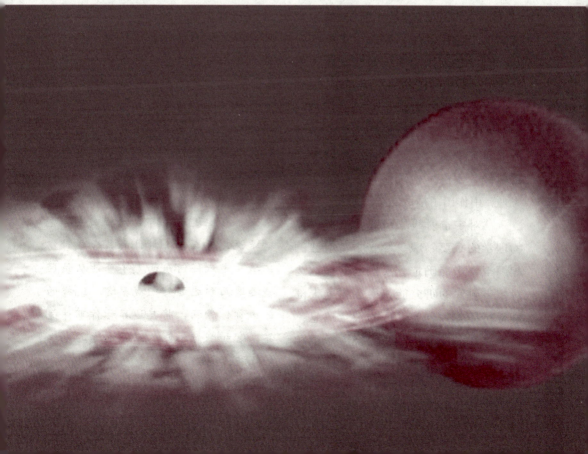

☆ 遥远的夜空

对宇宙射线的研究已逐渐成为了天体物理学研究的一个重要领域，许多科学家都试图解开宇宙射线之谜。可是一直到现在，人们都并没有完全了解宇宙射线的起源。一般认为，宇宙射线的产生可能与超新星爆发有关。对此，一部分科学家认为，宇宙射线产生于超新星大爆发的时刻，"死亡"的恒星在爆发之时放射出大能量的带电粒子流，射向宇宙空间；另一种说法则认为宇宙射线来自于爆发之后超新星的残骸。

不管最终的定论将会如何，科学家们总是把极大的热情投入到宇宙射线的研究中去。关于为什么要研究宇宙射线，罗杰·柯莱在其著作《宇宙飞弹》中作出了精辟的阐释：

"对宇宙射线的研究已变成天体物理学的重要领域。尽管宇宙射线的起源至今未能确定，人们已普遍认为对宇宙射线的研究能获得宇宙绝大部分奇特环境中有关过程的大量信息：射电星系、类星体以及围绕中子星和黑洞由流入物质形成的沸腾转动的吸积盘的知识。我们对这些天体物理学客体的理解还很粗浅，当今宇宙射线研究的主要推动力是渴望了解大自然为什么在这些天体上能产生如此超常能量的粒子。"

·扩展阅读·

黑洞的表现形式

恒星的时空扭曲改变了光线的路径，使之和原先没有恒星情况下的路径不一样。光在恒星表面附近稍微向内偏折，在日食时观察远处恒星发出的光线，可以看到这种偏折现象。当该恒星向内坍塌时，其质量导致的时空扭曲变得很强，光线向内偏折得也更强，从而使得光线从恒星逃逸变得更为困难。对于在远处的观察者而言，光线变得更黯淡更红。最后，当这恒星收缩到某一临界半径（史瓦西半径）时，其质量导致时空扭曲变得如此之强，使得光向内偏折得也如此之强，以至于光线再也逃逸不出去。这样，如果光都逃逸不出来，其他东西更不可能逃逸，都会被拉回去。也就是说，存在一个事件的集合或时空区域，光或任何东西都不可能从该区域逃逸而到达远处的观察者，这样的区域称作黑洞。将其边界称作事件视界，它和刚好不能从黑洞逃逸的光线的轨迹相重合。

万有引力的产生

很久以前，人们就发现了宇宙中一种神秘的力量，它拖拽着物质构成天体，它凝聚天体构成银河系……宇宙中这种力量无处不在，但是人们却无法捕捉它们，更无法解释它们。它们是如何产生的？又是如何对物体产生作用的？到目前为止仍然是一个未解之谜。

在宇宙的最最深处，万有引力拖曳着物质组成星系、恒星和黑洞等天体。尽管万有引力几乎无处不在，但事实上万有引力的确是宇宙中所有力中最微弱的作用力之一。这种作用力的微弱特性同样造就了万有引力的神秘感，科学家们难以在实验室环境下准确地测量万有引力的数值和作用过程，而对天体来说这种作用力的表现则十分显著。

在实验室条件下，两个质子之间产生的互斥作用力比它们之间的万有引力要大得太多了——大约有10的36次方倍，这个数字写出来就是在1后面加上36个0，相比之下万有引力实在是太微不足道了。

爱因斯坦的相对论只在宏观尺度上解释了万有引力，但是在微观尺度上就不行了，现代物理学家希望把万有引力引入"皇冠钻石"理论体系——该体系旨在解释自然界三种基本作用力，但是直到目前为止一项都没有解释成功。

美国伊利诺伊州佛米实验室的理论物理学家马克·杰克逊说："在经典物理的体系中，地心引力完全不同于其他的力，当你对很小质量的物体进行万有引力计算时会发现，原来的数学公式完全不管用，经典物理体系无法解释地心引力。"

看不见的"引力子"

虽然计算结果完全不对，科学家们还是发现了形成地心引力的玄机，这个看不见的引力小家伙叫做引力子，异常微小并且没有质量，但是它们可以形成微小的引力场。

每个微小的引力子都对宇宙中的物质产生一个微小的作用，其作用过程和光速一样快。但是引力子在宇宙中分布如此广泛，为什么物理学家们一直不能发现它们呢？

美国芝加哥大学的天文学家迈克尔·特纳说："因为目前的技术还难以对没有质量的微小粒子进行测量，引力子的作用力十分微小，这使得科学家们更加难以发现其存在。"

但是特纳博士对人类无法测量引力子的事实并不感到悲观沮丧，他认为引力子可能存在于其他一些微小粒子之内，那么人类有可能通过这些介质粒子间接地获得引力子。而这一切的实现都需要依靠技术进步。

目前科学家希望首先找到玻色子，这是引力子的一个远房亲戚，也在宇宙中广泛存在，找到玻色子对人类发现引力子可能具有极其重要的意义。

利用回旋加速器找微小粒子

发现某些微观粒子的过程有一点像

☆ 宇宙间的引力

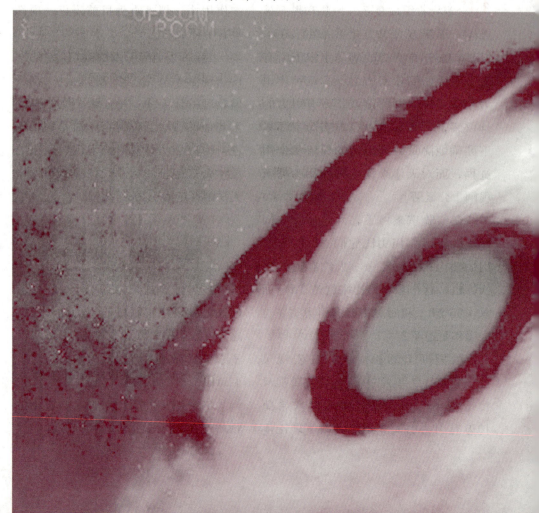

探索 科学 未解之谜

tansuokexuevejiezhimi

时间旅行，科学家们使用回旋加速器等大型设备驱动微粒子以光速对撞，从而产生新的微粒子。而这一过程几乎模拟了宇宙诞生时所发生的一切。

在宇宙诞生初期，由于各种粒子都处于一种高能状态，质子和中子也都是在那个时期形成的。佛米实验室的一万亿电子伏特加速器的直径大约有4英里（约合6.3千米），而新的大型电子对撞加速器的直径达到了17英里（约合27千米），该设备建造在法国和瑞士交界处，在几年之内就可以完工。

科学家们认为这一设备有望帮助人类发现西格斯介子等微观粒子，而这些粒子正是帮助我们揭开地心引力作用原理的关键所在。

威斯康星大学的理论引力学家夏威尔·西门子说："目前来说这项研究仍停留在幻想阶段，这有点像科幻小说里的故事。但是如果我们发现了引力子，一切问题就迎刃而解了，只是我们目前最大的问题是——我们还不知道用什么方法才能发现它们。"

·知识链接·

引力透镜

引力场源对位于其后的天体发出的电磁辐射所产生的会聚或多重成像效应，因类似凸透镜的汇聚效应，因而得名。引力透镜效应是阿尔伯特·爱因斯坦的广义相对论所预言的一种现象，由于时空在大质量天体附近会发生畸变，使光线在大质量天体附近发生弯曲（光线沿弯曲空间的短程线传播）。如果在观测者到光源的视线上有一个大质量的前景天体则在光源的两侧会形成两个像，就好像有一面透镜放在观测者和天体之间一样，这种现象称之为引力透镜效应。对引力透镜效应的观测证明阿尔伯特·爱因斯坦的广义相对论确实是对引力的正确描述。

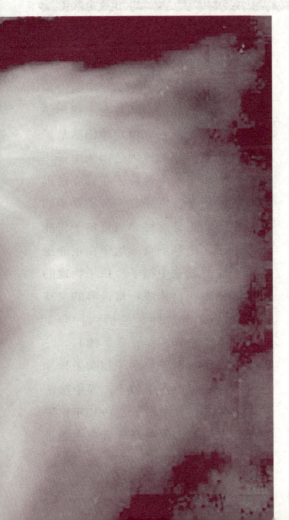

神秘莫测的中微子

中微子研究是当前粒子物理、天体物理、宇宙学、地球物理的交叉前沿学科。中微子本身性质也有大量谜团尚未解开。首先它的质量尚未直接测到，大小未知；其次，它的反粒子是它自己还是另外一种粒子；第三，中微子振荡还有两个参数未测到，而这两个参数很可能与宇宙中反物质缺失之谜有关；第四，它有没有磁矩；等等。因此，中微子研究成了粒子物理、天体物理、宇宙学、地球物理的交叉与热点学科。

中微子是组成自然界的最基本的粒子之一，常用符号ν表示。中微子不带电，自旋为1/2，质量非常轻（小于电子的百万分之一），以接近光速运动。中微子个头小，可自由地穿过地球，几乎不与任何物质发生作用，号称宇宙间的"隐身人"。科学家观测它颇费周折，从预言它的存在到发现它，用了十多年的时间。

虽然中微子非常小，但是其研究价值却非常巨大。

要说中微子，就不得不提它的"老大哥"——原子基本组成之一的中子。中子在衰变成质子和电子（β衰变）时，能量会出现亏损。物理学上著名的哥本哈根学派鼻祖尼尔斯·玻尔据此认为，β衰变过程中能量守恒定律失效。

1931年春，国际核物理会议在罗马召开，当时世界最顶尖的核物理学家汇聚一堂，其中有海森堡、泡利、居里夫人等。泡利在会上提出，β衰变过程中能量守恒定律仍然是正确的，能量亏损的原因是因为中子作为一种大质量的中性粒子在衰变过程中变成了质子、电子和一种质量小的中性粒子，正是这种小质量粒子将能量带走了。泡利预言的这个窃走能量的"小偷"就是中微子。粒子物理的研究结果表明，构成物质世界的最基本的粒子有十二种，包括六种夸克（上、下、奇异、粲、底、顶），三种带电轻子（电子、缪子和陶子）和三种中微子（电子中微子，缪中微子和陶中微子）。中微子是1930年德国物理学家泡利为了解释β衰变中能量

探索
科学
未解之谜
tansuokexuaweijiezhimi

☆ 中微子模型

似乎不守恒而提出的，20世纪50年代才被实验观测到。

中微子只参与非常微弱的弱相互作用，具有最强的穿透力。穿越地球直径那么厚的物质，在100亿个中微子中只有一个会与物质发生反应，因此中微子的检测非常困难。正因为如此，在所有的基本粒子中，人们对中微子了解最晚，也最少。实际上，大多数粒子物理和核物理过程都伴随着中微子的产生，例如核反应堆发电（核裂变）、太阳发光（核聚变）、天然放射性（β衰变）、超新星爆发、宇宙射线等等。宇宙中充斥着大量的中微子，大部分为宇宙大爆炸的残留，大约为每立方厘米100个。

1998年，日本超级神冈实验以确凿的证据发现了中微子振荡现象，即一种中微子能够转换为另一种中微子。这间接证明了中微子具有微小的质量。此后，这一结果得到了许多实验的证实。中微子振荡尚未完全研究

清楚，它不仅在微观世界最基本的规律中起着重要作用，而且与宇宙的起源与演化有关，例如宇宙中物质与反物质的不对称很有可能是由中微子造成。

由于探测技术的提高，人们可以观测到来自天体的中微子，导致了一种新的天文观测手段的产生。美国正在南极洲冰层中建造一个大的中微子天文望远镜——冰立方。法国、意大利、俄罗斯也分别在地中海和贝加尔湖中建造中微子天文望远镜。KamLAND观测到了来自地心的中微子，可以用来研究地球构造。

中微子在物理学当中充当着神秘的角色。中微子是当前粒子物理、天体物理、宇宙学、地球物理的交叉前沿学科，本身性质也有大量谜团尚未解开。首先它的质量尚未直接测到，大小未知；其次，它的反粒子是它自己还是另外一种粒子；第三，中微子振荡还有两个参数未测到，而这两个参数很可能与宇宙中反物质缺失之谜有关；第四，它有没有磁矩；等等。因此，中微子研究成了粒子物理、天体物理、宇宙学、地球物理的交叉与热点学科。

在中微子研究这一领域，大部分成绩均为日本和美国取得。1942年，我国科学家王淦昌提出利用轨道电子俘获检测中微子的可行方案，美国人

艾伦成功地用这种方法证明了中微子的存在。20世纪80年代，中国原子能科学研究院进行了中微子静止质量的测量，证明电子反中微子的静止质量在30电子伏特以下。

中微子振荡研究的下一步发展，首先必须利用核反应堆精确测量中微子混合角theta13。位于中国深圳的大亚湾核电站具有得天独厚的地理条件，是世界上进行这一测量的最佳地点。由中国科学院高能物理研究所领导的大亚湾反应堆中微子实验于2006年正式启动，联合了国内十多家研究所和大学，美国十多家国家实验室和大学，以及香港、中国台湾、俄罗斯、捷克的研究机构。实验总投资约3亿元人民币，预期2010年建成。它的建成运行将使中国在中微子研究中占据重要的国际地位。

中微子具有质量，这是很早就提出过的物理概念。但是人类对于中微子的性质的研究还是非常有限的。我们至今不能非常确定地知道：几种中微子是同一种实物粒子的不同表现，还是不同性质的几种物质粒子，或者是同一种粒子组成的差别相当微小的具有不同质量的粒子。

我们相信，随着人类认识的深化和科学技术的发展，中微子之谜终究是会被攻破的。

探索
科学
未解之谜
tansuokexuewejiezhimi

·知识链接·

衰变

衰变是放射性元素放射出粒子后变成另一种元素的现象。也叫蜕变。

不稳定(即具有放射性)的原子核在放射出粒子及能量后可变得较为稳定，这个过程称为衰变。这些粒子或能量(后者以电磁波方式射出)统称辐射。由不稳定原子核发射出来的辐射可以是α粒子、β粒子、γ射线或中子。

☆ 现在核已成为一种为人利用的能源

伽马射线强烈的穿透力

在物理学中，伽马射线被称为"杀手射线"，它具有强烈的穿透能力，是任何一种射线所无法相比的。原子弹对生命的超强杀伤力大多来自伽马射线。它能在很快的速度下穿透人体，并且杀死细胞。那么，伽马射线如此强大的穿透力是从何而来的呢？伴随着物理学家的研究，这个谜题逐渐被解开。

伽马（γ）射线，又称γ粒子流。它是波长短于0.2埃的电磁波。首先由法国科学家P.V.维拉德发现，是继α、β射线后发现的第三种原子核射线。

γ（伽马）射线是因核能级间的跃迁而产生，原子核衰变和核反应均可产生γ射线。γ射线具有比X射线还要强的穿透能力。当γ射线通过物质并与原子相互作用时会产生光电效应、康普顿效应和正负电子对三种效应。原子核释放出的γ光子与核外电子相碰时，会把全部能量交给电子，使电子电离成为光电子，此即光电效应。由于核外电子壳层出现空位，将产生内层电子的跃迁并发射X射线标识谱。高能γ光子（＞2兆电子伏特）的光电效应较弱。γ光子的能量较高时，除上述光电效应外，还可能与核外电子发生弹性碰撞，γ光子的能量

和运动方向均有改变，从而产生康普顿效应。

当γ光子的能量大于电子静质量的两倍时，由于受原子核的作用而转变成正负电子对，此效应随γ光子能量的增高而增强。γ光子不带电，故

☆ 伽马射线的强穿透力

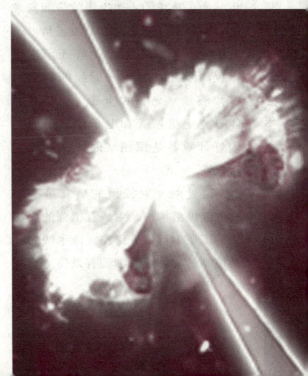

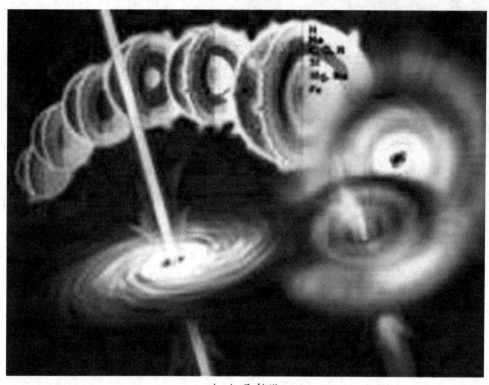

☆ 伽马射线

探索
科学
未解之谜

tansuokexuewejiezhimi

不能用磁偏转法测出其能量，通常利用γ光子造成的上述次级效应间接求出，例如通过测量光电子或正负电子对的能量推算出来。此外还可用γ谱仪（利用晶体对γ射线的衍射）直接测量γ光子的能量。由荧光晶体、光电倍增管和电子仪器组成的闪烁计数器是探测γ射线强度的常用仪器。

通过对γ射线谱的研究可了解核的能级结构。γ射线有很强的穿透力，工业中可用来探伤或流水线的自动控制。γ射线对细胞有杀伤力，医疗上用来治疗肿瘤。

γ射线是一种强电磁波，它的波长比X射线还要短，一般波长<0.001纳米。在原子核反应中，当原子核发生α、β衰变后，往往衰变到某个激发态，处于激发态的原子核仍是不稳定的，并且会通过释放一系列能量使其跃迁到稳定的状态，而这些能量的释放是通过射线辐射来实现的，这种射线就是γ射线。

γ射线具有极强的穿透本领。人体受到γ射线照射时，γ射线可以进入到人体的内部，并使体内细胞发生电离作用，电离产生的离子能侵蚀复杂的有机分子，如蛋白质、核酸和酶，它们都是构成活细胞组织的主要成分，一旦它们遭到破坏，就会导致人体内的正常化学过程受到干扰，严重的可以使细胞死亡。

一般来说，核爆炸（比如原子弹、氢弹的爆炸）的杀伤力量由四个因素构成：冲击波、光辐射、放射性污染和贯穿辐射。其中贯穿辐射则主要由强 γ 射线和中子流组成。由此可见，核爆炸本身就是一个 γ 射线光源。通过结构的巧妙设计，可以缩小核爆炸的其他硬杀伤因素，使爆炸的能量主要以 γ 射线的形式释放，并尽

可能地延长 γ 射线的作用时间（可以为普通核爆炸的三倍），这种核弹就是 γ 射线弹。

与其他核武器相比，γ 射线弹的威力主要表现在以下两个方面：一是 γ 射线的能量大。由于 γ 射线的波长非常短，频率高，因此具有非常大的能量。高能量的 γ 射线对人体的破坏作用相当大，当人体受到 γ 射线的辐射剂量达到200～600雷姆时，人体造血器官如骨髓将遭到损坏，白血球严重地减少，内出血、头发脱落，在两个月内死亡的概率为0%～80%；当

☆ 核裂变发出的强光

辐射剂量为600～1000雷姆时，在两个月内死亡的概率为80%～100%；当辐射剂量为1000～1500雷姆时，人体肠胃系统将遭破坏，发生腹泻、发烧、内分泌失调，在两周内死亡概率几乎为100%；当辐射剂量为5000雷姆以上时，可导致中枢神经系统受到破坏，发生痉挛、震颤、失调、嗜睡，在两天内死亡的概率为100%。二是γ射线的穿透本领极强。γ射线弹是一种杀人武器，它比中子弹的威力大得多。中子弹是以中子流作为攻击的手段，但是中子的份额较少，只占核爆炸放出能量的很小一部分，所以杀伤范围只有500～700米，一般作为战术武器来使用。γ射线弹的杀伤范围，据说为方圆100万平方公里，这相当于以阿尔卑斯山为中心的整个南欧。因此，它是一种极具威慑力的战略武器。

γ射线弹除杀伤力大外，还有两个突出的特点：一是γ射线弹无需炸药引爆。一般的核弹都装有高爆炸药和雷管，所以贮存时易发生事故。而γ射线弹则没有引爆炸药，所以平时贮存安全得多。二是γ射线弹没有爆炸效应。进行这种核试验不易被测量到，即使在敌方上空爆炸也不易被觉察。因此γ射线弹是很难防御的，正如美国前国防部长科恩在接受德国《世界报》的采访时说，"这种武器是无声的、具有瞬时效应。"可见，一旦这个"悄无声息"的杀手闯入战场，将成为影响战场格局的重要因素。

探测伽马射线有助天文学的研究

当人类观察太空时，看到的为"可见光"，然而电磁波谱的大部分是由不同辐射组成，当中的辐射的波长有较可见光长，亦有较短，大部分单靠肉眼并不能看到。通过探测伽马射线能提供肉眼所看不到的太空影像。

在太空中产生的伽马射线是由恒星核心的核聚变产生的，因为无法穿透地球大气层，因此无法到达地球的低层大气层，只能在太空中被探测到。太空中的伽马射线是在1967年由一颗名为"维拉斯"的人造卫星首次观测到。从20世纪70年代初由不同人造卫星所探测到的伽马射线图片，提供了关于几百颗此前并未发现到的恒星及可能的黑洞。于90年代发射的人造卫星(包括康普顿伽马射线观测台)，提供了关于超新星、年轻星团、类星体等不同的天文信息。

地磁场如何影响人体？

很多动物能够感受到地球地磁场，并且能够利用地磁场来辨别方向。如鸽子和蚂蚁。可是地磁场对人体有影响吗？这个问题却困扰人们至今，因为没有人能够像鸽子和蚂蚁那样清晰地感受到电磁场的存在，更不能借助它来辨别方向。但是科学家却发现地磁场对人体产生影响的一些事例：磁场可以改变人的情绪，可以对人体功能产生影响，还能治愈人的疾病。只是人类发展进化到一定阶段，已经感受不到磁场的存在了。科学家们的解释可信吗？磁场究竟又是通过何种方式影响人体的呢？到目前这仍然是一个谜。

地球就是一个天然的磁体，地磁场是地球所具有的一种特殊现象。地磁场和生命的产生发展密切相关。所有的动物、植物甚至人类无一不受着地磁场的控制和影响。地磁场对地球形成了一个"保护盾"，减少了来自太空的宇宙射线的侵袭，地球上生物才得以生存滋长。如果没有了这个保护盾，外来的宇宙射线，会将最初出现在地球上的生命幼苗全部杀死，根本无法在地球上滋生。对于人类和所有生物来说，地磁场变换是灾难性的。地磁场消失后，宇宙中的各种射线都会直达地表，地球上生活的生物将失去"保护伞"，受到强烈辐射的伤害。还有科学家认为，地磁场改变导致染色体畸变，会使动植物发生变异生长。

信鸽辨别方向的能力特别强，即使把上海的信鸽带到内蒙古放飞，它仍然会飞回上海。路途中就是遭遇到狂风暴雨，它也不会迷失方向。如此高强的辨别方向的本领让科学家们啧啧称奇。于是他们对信鸽进行研究，做了这样一个有趣的实验。他们在一个阴天的下午，把磁棒和铜棒分别绑在一些鸽子身上，然后运到很远的地方放飞。结果很有趣，绑着铜棒的鸽子，飞行方向正确，都安全返回主人家。而那些绑着磁棒的鸽子却满天乱飞失去了方向。这个实验说明鸽子辨别方向的能力受到磁场的影响。绑了磁棒的鸽子，识别地磁场的本领受到磁棒的干扰，自然也就迷失方向。

科学家们又对类似的候鸟迁徙现象进行了研究，结果发现候鸟体内也有"雷达"，它们和鸽子一样，能够根据自己的电磁场同地磁场的相互作用来辨别方向。为了进一步证实这一点，科学家们在秋天把候鸟关进笼子里，用布罩起来，不让它们看到外面的世界。这些鸟却倔强地聚集在笼子的南部，准备向南飞。后来，科学家又把笼子放在一种磁场装置里，这些鸟儿就失去了方向，开始散布在笼子各处。可见地磁场是它们辨别方向至关重要的依据。不光鸟类，就是一些昆虫，甚至细菌也会对地磁场有感受能力。有一种细菌，总是一头朝南，一头朝北。从不在东西方向上"躺"着。这就充分说明它也有感知地磁场的本领。有的鱼儿，把它放进陌生的静水池里，它也是朝着南北方向游动。有种白蚁能在南北方向上建巢，因此称这种白蚁为"罗盘白蚁"。

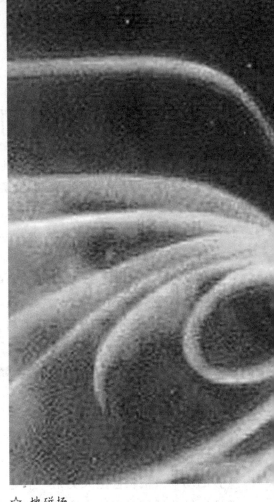

☆ 地磁场

地球存在磁场的原因还不为人所知，普遍认为是由地核内液态铁的流动引起的。最具代表性的假说是"发电机理论"。1945年，物理学家埃尔萨塞根据磁流体发电机的原理，认为当液态的外地核在最初的微弱磁场中运动，像磁流体发电机一样产生电流，电流的磁场又使原来的弱磁场增强，这样外地核物质与磁场相互作用，使原来的弱磁场不断加强。由于

摩擦生热的消耗，磁场增加到一定程度就稳定下来，形成了现在的地磁场。

还有一种假说认为：铁磁物质在770℃（居里温度）的高温中磁性会完全消失。在地层深处的高温状态下，铁会达到并超过自身的熔点呈现液态，绝不会形成地球磁场。而应用"磁现象的电本质"来做解释，认为按照物理学研究的结果，高温、高压中的物质，其原子的核外电子会被加速而向外逃逸。所以，地核在6000K的

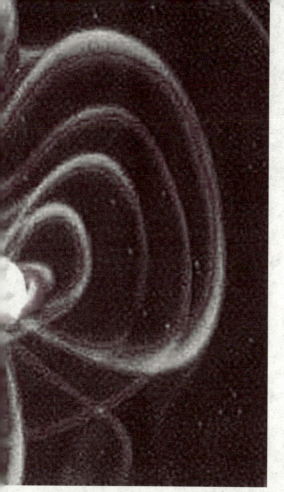

数，要比地磁场正常的地区高差不多1.5倍。这充分说明，地磁场能使人体患上某些疾病。

有科学家据此认为，地球上生命的存在，和地磁场形成的保护层有密切关系。因此宇宙中各种宇宙射线即使有穿透岩层的能量，却被拒之于磁场之外。没有这个保护层，生物就无法衍生繁殖，人类也不会安然无恙。而其他一些星球，虽然空气、温度、水分适宜，但就因为几乎没有磁场的保护，所以至今尚无生命。正是因为在磁环境下孕育着生命，所以生物与人类有着奇特的感应和适应能力。信鸽、候鸟、海豚等都是这种奇特的感应和适应能力的具体体现。这些动物的器官和组织中，都有着磁铁细粒，因此，它们都有着磁性细胞。正是这些磁性细胞，使它们自身具备生物罗盘而永不迷向。

作为高级生物的人类来说，虽然生物罗盘的作用已退化了，但仍有少数有特异功能的人还保留着这种特点。可见，人与磁也有着密切的关系。我们知道，电与磁是难以分开的，电流能产生磁场，磁场能感应电流。在人体内，由于生命活动必然产生生物电流，如心电流、脑电流等。这些生物电流必然产生生物磁场，由心磁图和脑磁图都观测到磁场的存在，尽管生物磁场比起地磁场来小得

高温和360万个大气压的环境中会有大量的电子逃逸出来，地幔间会形成负电层。按照麦克斯韦的电磁理论：电动生磁，磁动生电。所以，要形成地球南北极式的磁场，必然需要形成旋转的电场，而地球自转必然会造成地幔负电层旋转，即旋转的负电场，磁场由此而生。

医学专家发现，人类的某些疾病与地球的磁纬度也有一定的关系。例如猩红热的发病率就与地磁的变化有关。在一些地磁异常的地方，人们患高血压、风湿性关节炎和精神病的人

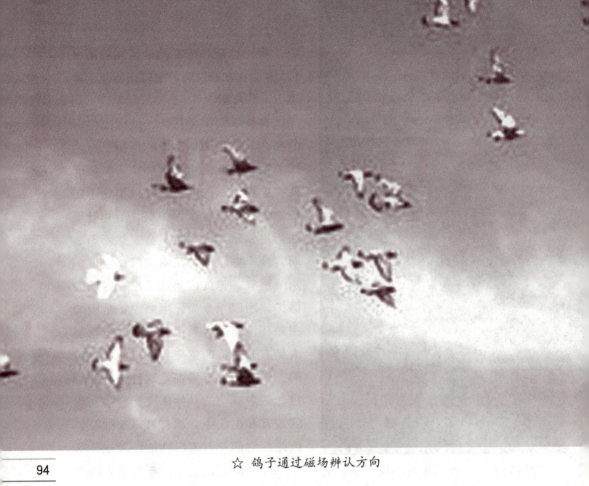

☆ 鸽子通过磁场辨认方向

多，但是研究生物磁场对于了解脑的思维、生命的活动却有着重要的意义。

据说，人的心理状态、喜怒哀乐的精神因素，会直接影响心磁场的强度，而脑的思维情况也由脑子的不同部位的磁信号反映出来。因此可以用人工电磁信号去取代紊乱的电磁信号，从而达到治病的目的。

提到治病，磁的应用可以说是全方位的。像上面所说，电磁信号可以诊断和治疗疾病。另外，还可用药物或针疗等办法，比如中医常用磁石作为一种镇静药。还有现在流行的磁化杯和磁化水，也成为保健物品。更为神奇的是，磁还具有使人类恢复再生功能的巨大魔力！我们知道，原始动物如蜥蜴断了腿或尾巴以后能重新长上，螃蟹掉了螯钳以后还能长出更粗的螯钳。但是高等动物就不行。但通过医学实践证明，在适当的电磁场下可以使断骨的愈合加速，在脉冲电磁场的刺激下，可以使家鼠的断肢再生。因此磁疗的研究，在将来甚至有可能使人类的器官再生。这样，人的生命对于我们来说并不是只一次了，每个人都可以有多次生命。这无疑是天大的福音。

那么，地磁场是如何影响人体健康的呢？科学家们给出的解释有多种，但都不理想。一种认为人体的各部分都有水，水在地磁场中会发生物理化学变化。这样，当地磁场变化后，自然影响到水，也就使人体功能也发生变化，引起某些疾病。有的学者认为，人的各种器官也是有磁场的，即使地磁场发生微弱变化，也会引起头脑、血液等周围的磁场发生变化，导致机体功能受影响，功能失常，疾病出现；也有人认为，人是处在不同生态环境之中，因此人的每个器官都带有当地地磁场生态的烙印。当地磁场变化后，人就会出现生理反常，产生反应，引起疾病。

当然，还有人提出生物膜理论以及其他不同的解释。但都不能使人满意。地磁场到底如何影响人体，特别是对大脑活动以及生理活动的影响，尚没有得到科学的解释。同样，在零磁场环境下人类会受什么影响，在宇宙航行或在其他星球居住时，新的磁环境会对寿命有什么影响，也都是未来的课题。

·扩展阅读·

生物电

2000多年前，人类就发现动物体带电的事实，并利用电鳐所发生的生物电治疗精神病。18世纪末，L·伽伐尼发现蛙肌与不同金属所构成的环路相接触时发生收缩的现象，提出"动物电"的观点。但被伏打推翻证明蛙肌的收缩只是由于蛙肌中含有导电液体，将绑在青蛙肌肉两端的不同金属连接成闭合回路，这才是产生电的关键。以后C·马蒂乌奇、E·H·杜布瓦—雷蒙和L·黑尔曼等的工作，都证明了生物电的存在。20世纪初，W·艾因特霍芬用灵敏的弦线电流计，直接测量到微弱的生物电流。1922年，H·S·加瑟和J·埃夫兰格首先用阴极射线示波器研究神经动作电位，奠定了现代电生理学的技术基础。1939年，A·L·霍奇金和A·F·赫胥黎将微电极插入枪乌贼大神经，直接测出了神经纤维膜内外的电位差。这一技术上的革新，推动了电生理学理论的发展。1960年，电子计算机开始应用于电生理的研究，使诱发电位能从自发性的脑电波中，清晰地区分出来，并可对细胞发放电的参数精确地分析计算。

人造卫星为什么不会被大气层烧毁

我们知道，一般的流星坠落向地球，经过大气层的时候，都会整体燃烧，最后以陨石的形式降落在地球。但是人造卫星也要穿过地球大气层，为什么却能安然无恙呢？

为什么流星穿过大气层被烧掉，而人造卫星发射时也穿过大气层，却没有被烧掉呢？

流星穿过大气层前，本身就具有一定的速度。在地球强大的吸引力作用下，流星越靠近地球，地球对它的引力就越大，因此它的速度迅速地增大，最后能达到每秒20千米～70千米。流星以这么高的速度在大气层中运动，受到了巨大的摩擦力，使流星达到几千度的高温，足以烧掉流星。

人造卫星发射前，相对于地球的速度为零，在发射过程中还要不断克服地球的引力，开始的速度很慢，以后逐渐增加。在目前技术条件下，第一级火箭发动机工作结束后才增加到每秒2千米～3千米。这时卫星已经离地面50千米～100千米高，那里的大气密度还没有地面的千分之一。当卫星进入轨道时，速度达到每秒7.9千米以上。可是由于高度更高，大气更加

稀薄了。所以，在人造卫星发射过程中，虽然由于空气摩擦而产生的温度相当高，但比流星穿过大气层时的温

度要低得多，所以不会被烧掉。但尽管这样，还是要用耐高温的合金来做火箭的外壳。为了减少人造卫星与大气层的摩擦，还采取了下面的措施：

（1）卫星和火箭的联结总体的外壳，要造得尽量光滑，以减少大气的阻力。（2）与前进方向垂直的火箭横截面越大，受到的阻力就越大，因此火箭要做成细长的。（3）发射卫星时，为了尽快脱离最浓密的低层大气，一般采用垂直于地面，或基本垂直于地面向上发射的方法。

☆ 人造卫星穿越大气层

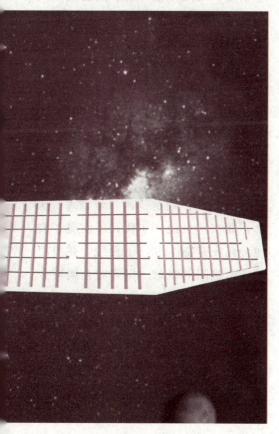

人造卫星发射穿过大气层时不使其燃烧用的是这些办法，那么宇宙飞船返回地球穿过大气层时用什么方法不让它烧掉呢？一般都用这些方法：当飞船返回地球，将要进入大气层时，飞船向前进的方向喷气，就像喷气飞机那样；不过是向前喷，不是向后喷，使飞船的速度减慢。这时飞船开始下降，当它进入大气层时，不是像一块石头那样笔直地从几百千米高空直冲下来；而是逐渐转成一个弧形很大的下降轨道，斜着飞下来，一般要绕着地球飞行半圈以后，再打开强大的降落伞，这时飞船就可以缓慢而安全地落到地面了。

·知识链接·

大气层

大气层又叫大气圈，地球就被这一层很厚的大气层包围着。大气层的成分主要有氮气，占78.1%；氧气占20.9%；氩气占0.93%；还有少量的二氧化碳、稀有气体（氦气、氖气、氪气、氙气、氡气）和水蒸气。大气层的空气密度随高度而减小，越高空气越稀薄。大气层的厚度大约在1000千米以上，但没有明显的界线。整个大气层随高度不同表现出不同的特点，分为对流层、平流层、中间层、暖层和散逸层，再上面就是星际空间了。

金属也会疲劳吗？

我们知道，如果人长期劳作得不到休息，那么人就会疲劳，如果严重的话，这种疲劳会损伤人的身体甚至会威胁到人的生命。然而有没有听说过金属也会疲劳呢？其实看似刚强坚硬的金属也不是那么坚不可破的，当它反复被打压达到一定程度时，也会"疲劳"。让我们去研究一下金属的疲劳之秘。

我们小时候都玩过这样的游戏，将铁皮或者铁丝反复对折，它就会折断，这其实就是"金属疲劳"现象。

金属虽然像人一样会发生疲劳，但却同人的疲劳有着本质的区别：人疲劳后，经过一定的休息就可以恢复，而金属疲劳则永远不能恢复。

因而有许多恶性破坏事故，如轮船沉没、飞机坠毁、桥梁倒塌等。据估计，在现代机器设备中，有80%～90%的零部件的损坏，都是由于金属的疲劳造成的。因为金属部件所受的外力超过一定限度，在材料内部抵抗最弱的地方，会出现人眼察觉不到的裂纹。

如果部件所受外力不变，微小的裂纹就不会发展，材料也不易损坏。如果部件所受的是一种方向或大小经常重复变化的外力，那么，金属材料内部的微小裂纹就会时而张开，时而相压，时而互相研磨，使裂纹扩大和发展。当裂纹扩大到一定程度，金属材料被削弱到不再能承担外力时，只要有一点偶然的冲击，零部件就会发生断裂。所以，金属疲劳造成的破坏，往往都是突如其来，没有明显的迹象让人察觉。

"金属疲劳"一词，最早是由法国学者彭赛提出来的。但对金属疲劳进行研究的，则是德国科学家A·沃勒，他在19世纪50年代，就发现了表现金属疲劳特性的S—N曲线，并提出了疲劳极限的概念。尽管对金属疲劳的研究已经有一百多年了，作为综合性的应用学科，已经从物理学的固体力学和金属物理学领域中分离出来，但许多问题仍没有得到解决。

现在，人们对金属的疲劳问题仍在不懈地探索着。其中人们最为关注

探索
科学
未解之谜

tausuokexuewejiezhmi

的，是如何对现代化工业设备采取预防和保护措施，防患于未然。比如，选择具有较高抗疲劳性能的材料，防止应力集中，合理布局结构，提高构件表面加工质量和采用一些新技术和新工艺等。

再就是从理论上探讨金属疲劳造成破坏的原理是什么。在这方面，科学家们进行了各种各样的分析和研究。在疲劳破坏机理的研究中，就有人提出循环软化、滑移、位错、空洞合并和拉链等说法；在疲劳积累损伤方面，目前已建立了几十种损伤理论，包括线性理论、修正理论经验公式和半经验公式等；在疲劳裂纹扩展方面，已提出了几十个裂纹扩展公式。但这些观点和实验方法，都具有很大的局限性和片面性。彻底解决这个问题，还需科学家们付出更大的辛劳和努力。

金属疲劳问题，是现代工业面临的大敌，如不及时解决，将会遗患无穷。所以，现在世界各国的科学家都在进行不懈的努力，力图克服这个领域中的种种疑难。相信在不远的将来，这方面的研究会有重大的突破。

·知识链接·

金属键

在金属晶体中，自由电子做穿梭运动，它不专属于某个金属离子而为整个金属晶体所共有。这些自由电子与全部金属离子相互作用，从而形成某种结合，这种作用称为金属键。由于金属只有少数价电子能用于成键，金属在形成晶体时，倾向于构成极为紧密的结构，使每个原子都有尽可能多的相邻原子（金属晶体一般都具有高配位数和紧密堆积结构），这样，电子能级可以得到尽可能多的重叠，从而形成金属键。

☆ 金属断裂

为什么4℃时水的密度最大?

我们都知道，水的密度是$1×10^3$克/厘米^3，但是这一数值并不是绝对的，实验研究发现，水在4℃时密度达到最大。这一结果令很多人感到疑惑，为什么会是4℃而不是0℃呢？引起了人们的争议。

在4℃时水的密度为什么最大，这里介绍一种比较常见的解释。

我们知道水的密度比冰的密度大，这是因为液态的水在凝固成冰的时候，分子间的相互作用力使分子按一定的规则排列，每个分子都被四个分子所包围，形成一个结晶四面体。这种排列方式是比较松散的，使得冰晶体中的分子间的平均距离大于液态水中的分子间的平均距离。在液态水中，分子的排列比较混乱，不像冰中的分子那样，按一定的规律排列。分子在液态中的运动虽然比在冰中更自由，但分子与分子间的平均距离比在冰中更小，所以水的密度比冰的密度大。

用X射线研究液态水的结构时，发现液态水中在一定程度上还保留着非常微小的冰的晶体。根据推算，在接近0℃的水里，约包含着0.6%的这种微晶体。当温度逐渐升高时，这种微晶体逐渐地被破坏，由于这种微晶体具有较小的密度，所以微晶体的被破坏就会引起密度的增加。因此，在水中有两种使密度改变的效应：①使密度变小的效应。当温度升高的时候，水分子的热运动更剧烈了，分子间的

探索
科学
未解之谜

tausuokexuewejiezhimi

距离变大了，因而引起密度的减小。②使密度变大的效应。当温度升高时，水中的微晶体逐渐地被破坏，引起密度的增大。在4℃以上，水的温度升高时，第一种效应占优势，水的密度减小，体积增大。在4℃以下，水的温度升高时，第二种效应占优势，水的密度增大，体积减小。因此，水在4℃的时候，密度最大，这就是水的密度反常变化的原因。

·知识链接·

密度

密度是反映物质特性的物理量，

☆ 水

物质的特性是指物质本身具有的而又能相互区别的一种性质，人们往往感觉密度大的物质"重"，密度小的物质"轻"一些，这里的"重"和"轻"实质上指的是密度的大小。

质量是物体所含物质的多少。所含物质减少，所以质量减少。密度是物质的一种特性，它不随质量、体积的改变而改变，同种物质的密度不变。

密度是物质的一种特性，它只与物质的种类和物质的状态有关，与质量、体积等因素无关，不同的物质，密度一般是不相同的，同种物质的密度则是相同的。

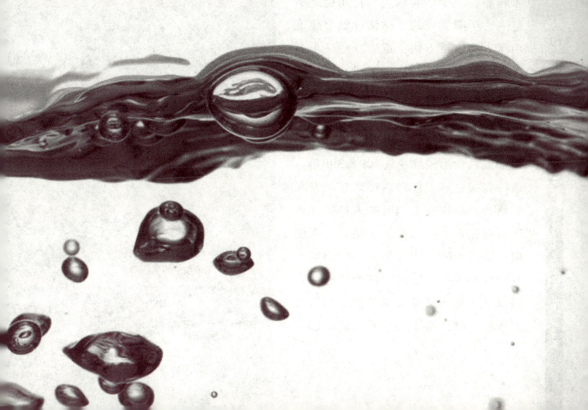

"反重力"的发现

太平洋上有一个神奇的小岛叫"泰蒙岛"，在这个岛上有许多玄武岩石挂纵横交错。这些石块都有上千吨重。古人是用什么将它们垒成这样的规模呢？科学家们推测是古人用了反重力技术的结果，反重力技术是现代人才掌握的，可远在八百年前的古人怎么会掌握的呢？

南太平洋波纳佩岛东南有一个叫泰蒙岛的小岛，在这个小岛延伸出去的许多珊瑚礁浅滩上耸立着一座座用巨大的玄武岩石柱纵横交错垒起的高达四米多的建筑物，像是一座座神庙。不少学者认为马特尔遗迹不是人力所能完成的。据估计整个建筑用了大约一百万块玄武岩，是从小岛北面的采石场开凿、加工成石柱后运到这里的。专家们估计，这需要1000名壮劳力从事劳动，那么光采石就需655年，每一根石柱用人工加工成三角形或六角形棱柱也需200～300年，最终完成这一工程则需1550年。专家们认为，根据岛上当时的人口状况也不可能完成此项工程。于是，有人提出了第六大陆文明的假说。1868年，驻印度的英国军官却吉伍德从一位高僧珍藏多年而又从未向外透露的几个泥塑板上破译出了其中的记载：远古

的太平洋上存在着辽阔的第六大陆，它包括东到夏威夷，西到马里亚纳群

岛，南到波纳佩岛和库克群岛的广大区域，是人类最早的发祥地。距今约五万年前，文明发达，技术先进，昌盛一时，在12000年前因大地震而沉陷海底。这与中国的《山海经·海外西经》中的奇肱国的记载不谋而合。中国古籍记载奇肱国离五门关四万里，那里的人能制造、驾驶飞车，随风游行四方。因此，却吉伍德认为，现今南太平洋上的无数岛屿是第六大陆的残骸，而南马特尔遗迹就是泥塑板上记载的第六大陆文化中心的七城市之

☆ 泰蒙岛

———罕拉尼普拉。

但是，长年从事波纳佩岛与第六大陆文明关系研究的詹宁不同意却吉伍德的观点，认为第六大陆的真正文化中心是在现今夏威夷岛东北五六公里的地方。他认为，泥塑板上记载的是古印度的历史，文中所描述的当时已有像今天的飞机一样能在空中飞行的机械，与古印度梵语叙事诗"摩呵婆罗多"中的记载相似。他认为第六大陆的文明和科学与今天合理主义的科学不同，有控制重力的能力，即掌握了反重力技术，今天印度瑜伽行者

能使身体飘浮在空中的能力，也属于第六大陆文明之列。由此，美国反重力工程学专家戴维认为通过反重力工程学的研究，也许可以揭开南马特尔遗迹之谜。并根据由爱因斯坦统一场论导出的和研究UFO所谓的音叉装置提出的声共振作用产生反动力的假说，企图以此来说明南马特尔遗迹巨石建筑的巨石是用反重力控制法空运来的。他还指出阿波罗计划的登月舱装着火箭只是为摆脱月球的重力，是一种军事上需要的伪装，而与此同时，也使用反重力装置。那时，第六大陆文明高度发达，传播四方，因此，古老美洲的种种神秘建筑可能与第六大陆文明的飞车、反重力技术等有关。

那么，到底什么是反重力呢?反重力就是排斥物体的力，是同重力相对而言的。众所周知，有了万有引力，才有了自由落体的完善理论。但是近年科学家们的一些实验对此提出了挑战。著名物理学家费希巴赫根据对K介子衰变速度在接近光速时其延长寿命比爱因斯坦的相对论预言的要长的研究，又做了大量自由落体的实验，提出了反重力的概念。他认为，反重力与称为超荷的粒子结合，这个排斥力也许与原子内的中子与质子的总数成比例。这就意味着从9米高处落下的羽毛比从同样高度落下的铅球几乎早十亿分之一秒落地。理由是，铅球

有更密集的质子和中子，具有更大的超荷。由这个超荷产生的反重力使物体远离地面，致使铅球的落下稍为推迟。这是现代物理学家的理论认识。

学者们认为，第六大陆文明已经认识了反重力，就像人们在 19世纪认识磁力一样。今天，电磁担当了磁悬浮列车、火箭、电话、激光等技术的中枢，而这在一百年前则是无法想象的。掌握了反重力技术，像建造美洲古代建筑这样复杂的工程就易如反掌了。

·扩展阅读·

重力

重力，是由于地球的吸引而使物体受到的力，叫做重力，生活中常把物体所受重力的大小简称为物重。重力的单位是N，但是表示符号为G，公式为：$G=mg$。m是物体的质量，g一般取9.8N/kg。在一般使用上，常把重力近似看做等于万有引力。但实际上重力是万有引力的一个分力。重力之所以是一个分力，是因为我们在地球上与地球一起运动，这个运动可以近似看成匀速圆周运动。我们做匀速圆周运动需要向心力，在地球上，这个力由万有引力的一个指向地轴的分力提供，而万有引力的另分力就是我们平时所说的重力了。

物质的无限可分性

学习过物理的人都知道，物质的构造基础是原子，原子又可分成质子和中子，中子当中又带有电子，又有强子，强子之中又有夸克……物质的构成似乎总是无穷无尽的。或许过不了很久，人们又会研究出夸克当中的成分。……由此我们可以推断，就像宇宙是无限大的一样，物质也是无限可分的，永远不可能把它分尽，永远都还会有下一级构成……这也许就是自然界玄妙之所在。

我国古代哲学家庄子说："一尺之棰，日取其半，万世不竭。"指出了物质的无限可分性。但是，人们对物质的无限可分性，是逐步认识到的，夸克模式的提出，就是人的这一认识的深化。

在人们开始认识物质世界的时候，就提出了各种各样的说法。古希腊的一些哲学家认为，世上各种各样的物质，都是由一些永远不变，不可再分的基本单位构成，他们把这种基本单位叫原子。直到16世纪后叶，才由物理学家证实了原子的存在。后来，意大利科学家阿伏伽德罗又提出了分子学说，补充了道尔顿的原子论。由此人们便形成了这样一种思维模式：物质由分子组成，分子由原子组成，原子不能再分。

到19世纪末，原子不可分的模式受到了冲击，英国科学家汤姆生发现了比原子小得多的粒子——电子。接着科学家们查明，原子中心有一个很小的原子核，有些电子围着原子核运转。到20世纪30年代，人们又发现了原子是由质子和中子组成的。质子带正电，中子是电中性，二者比电子重1800多倍。后来人们又发现，电磁波和光也是由叫光子的粒子组成。这样，人们就发现了比原子更深入的一个新层次——属质子、中子、电子一个层次的正电子、中微子、μ子、τ子等。人们以为发现了构成物质世界的最基本单位，因此就称为基本粒子，认为它们是组成各种物质的永远不变、不可再分的基本单位。

可是后来人们发现的一些现象说明，基本粒子并不"基本"，在强子内部，还应有更小、更基本的东西。

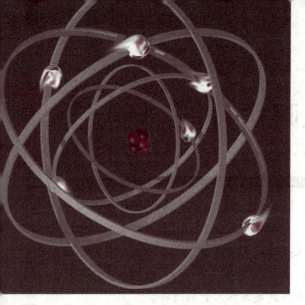

☆ 物质的构成

探索
科学
未解之谜

tansuokexuewejiezhimi

对此，日本物理学家坂田昌一于1956年提出了著名的坂田模型，认为强子是由质子、中子、Λ超子等三种基础粒子及其反粒子组成。到了1964年，美国物理学家盖尔曼改进了坂田模型，保留了三种"基础粒子"，但不是质子、中子和Λ超子，而是由某种未知的、具有一定对称性的东西——夸克组成。

为什么叫夸克呢?说来夸克的命名还有一个有趣的故事。在英国小说家詹姆斯·乔埃斯的小说《劳尼根斯彻夜祭》中，有这样几句诗：

"夸克……

夸克……夸克"，

三五海鸟把脖子伸直，

一齐冲着绅士马克。

除了三声"夸克"，

马克一无所得：

除了冀求的目标，

全部都归马克。

至高无上的天帝，

把身子躲在云里，

窥视下界，

不由得连连叹息。

马克先生啊，可笑可怜：

黑暗中拼命呼唤着——"我的衬衣，衬衣，"

为寻找那条沾满污泥的长裤，

蹒跚在公园深处，一步一跌。

小说描绘了劳恩先生的生活情况。他有时以马克先生的面目出现。夸克指海鸟的鸣叫声，又指马克的三个儿子，而马克又时时通过儿子的行为来表现自己。盖尔曼设想在一个质子里包含着三个未知粒子，便随意地给它取名为"夸克"。我国则习惯把"夸克"叫"层子"，意为是比电子、质子、中子这些基本粒子更下层的粒子。

盖尔曼的夸克模式指出，这种粒子的最大特点是带分数电荷，并设想可能存在三种夸克——质子夸克、中子夸克和奇异夸克。到1974至1976年间，有人又把夸克家族增加到六个，即粲夸克、上夸克、下夸克。

既然设想到了夸克的存在，那么夸克到底在什么地方呢?有人认为夸克像蹲监狱一样，被关在强子里面。强子就像一个口袋，夸克被关在里面，它可以在口袋里自由运动，但不允许离开口袋，要想把夸克从口袋里弄出来，必须提供极大的能量，但在目前还办不到。

尽管夸克还处在假设阶段，有些物理学家又开始考虑比夸克更下一层的粒子了。欧洲核子研究中心的德·罗杰拉已经为组成夸克的粒子起名为"格里克"。后来，人们提出了五花八门的亚夸克模型，起了各种各样的名称，如亚夸克、前夸克、前子或初子，还有叫奎斯、阿尔法的。1974年，美国物理学家帕堤和萨拉姆提出了这样的亚夸克模型：i.味子：p、n、λ、x，自旋$S=1/2$；ii.色子：r、y、g、1，自旋$s=0$。它们可

☆ 原子核

构成夸克ur＝（pr）、uy＝（py）、ug＝（pg）等；还有构成轻子：e＝（n1）、yu＝（x1）、μ（λ1）等等。1977年，日本东京大学核物理研究所寺泽英纯教授在以上模型基础上，又提出了一种新的模型：夸克＝味子＋色子＋代子，这些味子、色子和代子，均是自旋为$1/2$的亚夸克。不管提出的模型有多么不同，但都认为夸克还有下一个层次，所以，我国把亚夸克又称"亚层子"。

到底夸克是个什么面貌？亚夸克是否真的存在？这些都还没有结论，正期待着人们去揭示它。

·扩展阅读·

费米子

自旋为半整数（1/2，3/2…）的粒子统称为费米子，服从费米－狄拉克统计。费米子满足泡利不相容原理，即不能有两个以上的费米子出现在相同的量子态中。 轻子，核子和超子的自旋都是1/2，因而都是费米子。自旋为3/2，5/2，7/2等的共振粒子也是费米子。根据标准理论，其他有质量的非基本粒子，都有费米组成，例如中子、质子都是由三种夸克组成，自旋为1/2。奇数个核子组成的原子核，因为中子、质子都是费米子，故奇数个核子组成的原子核自旋是半整数。

第四章
化学未解之题

    化学是在分子和原子的水平上研究物质的性质、组成、结构及其变化规律和应用、制备，以及物质间相互作用关系的科学。世界是由物质组成的，化学则是人类用以认识和改造物质世界的主要方法和手段之一，它是一门历史悠久而又富有活力的学科，它的成就是社会文明的重要标志。人类的生活能够不断提高和改善，化学的贡献在其中起了重要的作用。化学是重要的基础科学之一，在与物理学、生物学、自然地理学、天文学等学科的相互渗透中，得到了迅速的发展，也推动了其他学科和技术的发展。但化学同时也存在很多疑问，这些疑问推动着化学学科的进一步发展。

元素周期表的终点

学习化学，首先就要接触化学元素周期表。我们知道，现在的化学元素周期表中有116个化学元素，但是这116是不是就是化学元素周期表的终点了呢？科学家们认为，还远远不够，化学元素的大家庭还有更多的成员等待着被发现。其实，化学元素周期表就是在不断的充实中壮大起来的。最初1896年俄国科学家门捷列夫发明元素周期表时，只有63个元素，到19世纪，元素数增加到92个，到目前的21世纪，元素数已经增加到116个……所以我们不能排除，元素数还有逐步增加的可能。这也是化学学科当中最首要的谜题。

我们肉眼看得见的物质（如楼房）或看不见的物质（如空气），都是由什么组成的？这一问题曾困扰人们好多年。由于科学的进步，到19世纪初期，经过科学家们的研究，终于揭开了物质世界的面纱：世界上的一切物质都是由元素组成的。从坚硬的石头到软绵绵的棉花；从流动的水到飘浮的云；从人的肌肉骨骼到极小的细菌；从高大的树木到浮游生物……一切都不例外。

那么元素大家庭的成员到底有多少个呢？19世纪时，科学家们认为只有92个。直到1940年，美国加利福尼亚大学的麦克米伦教授和物理化学家艾贝尔森在铀裂变后的产物中，才发现了93号新元素！他们俩把这新元

素命名为"镎"，镎的希腊文原意是"海王星"，这名字是跟铀紧密相连的，因为铀的希腊文原意是"天王星"。镎的发现，充分说明了铀并不是周期表上的终点，说明化学元素远没有达到周期表上的终点，在镎之后还有许多化学元素。镎的发现，鼓舞着化学家在认识元素的道路上继续前进！

不多久，美国化学家西博格、沃尔和肯尼迪又在铀矿石中发现了94号元素。他们把这一新元素命名为"钚"，希腊文的原意是"冥王星"。这是因为镎的希腊文原意是"海王星"，而冥王星是在海王星的外面，当时人们认为它是太阳系中离太阳最远的一个行星。钚的发现在当

☆ 俄国化学家门捷列夫

探索
科学
未解之谜

tansuokexueyejiezhimi

时根本没有引起人们的注意，人们只是把它看做一种新元素而已，谁也没有去研究它到底有什么用处。但当人们发现了钚可以制作原子弹之后，钚就一下子青云直上，成了原子舞台上非常难得的"明星"！而且，钚的发现及广泛应用，使人们对元素的认识，进入了一个新的阶段：原来，世界上还有许多很重要的未被发现的新元素哩！

于是，人们继续努力，要寻找94号以后的"超钚元素"。在1949年底，钚的发现者——美国化学家西博格和加利福尼亚大学教授乔索合作，用质子轰击钚原子核，最先发现了95号元素和96号元素。他们将95号元素和96号元素分别命名为"镅"和"锔"，用以纪念发现地点美洲和居里夫妇（"锔"的原意即"居里"）。

西博格和乔索继续努力，在1949年又制得了97号元素——锫；在1950年制得了98号元素——锎。锫的原意足"柏克立"。因为它是在柏克立城的回旋加速器帮助下制成的；锎的原意是"加利福尼亚"，因为它是在加利福尼亚州的回旋加速器帮助下制成的。

接着，人们又开始寻找99号元素

和100号元素。当人们准备用回旋加速器制造出这两种新元素之前，却在另一个场合无意中发现了它们。那是在1952年11月，美国在太平洋上空爆炸了第一颗氢弹。当时，美国科学家在观测这次爆炸产生的原子"碎片"时，发现竟夹杂着两种新元素——99号和100号元素。1955年美国加利福尼亚大学在实验室中制得了这两种新元素。为了纪念在制成这两种新元素前几个月逝世的著名物理学家爱因斯坦和意大利科学家费米，分别把99号元素命名为"锿"（原意即"爱因斯坦"），把100号元素命名为"镄"（原意即"费米"）。

1955年，就在制得锿以后，美国加利福尼亚大学的科学家们用氦核去轰击锿，使锿原子核中增加两个质子，变成了101号元素。他们把101号元素命名为"钔"，以纪念化学元素周期律的创始人、俄罗斯化学家门捷列夫。

紧接着，在1958年，加利福尼亚大学与瑞典的诺贝尔研究所合作，用碳离子去轰击锔，使锔这个本来只有96个质子的原子核，一下子增加了六个质子，制得了极少量的102号元素。他们用"诺贝尔研究所"的名字来命名它，叫做"锘"。

到了1961年，美国加利福尼亚大学的科学家们着手制造103号元素。他们用原子核中含有五个质子的硼，去轰击原子核中含有98个质子的锎，进行原子"加法"：5+98=103，从而制得了103号元素。这个新元素被命名为"铹"，以纪念当时刚去世的美国物理学家、回旋加速器的发明者劳伦斯。

在1964年、1967年，苏联弗列罗夫领导的研究小组和美国的乔索及西博格等人，分别用不同的方法制得了104、105和106号元素。但是由于双方都说是自己最早发现了新元素，所以，关于104号、105和106号元素的命名，至今仍争论不休，没有得到统一。

1976年，苏联弗列罗夫等人着手试制107号元素。他们用24号元素——铬的原子核，去轰击83号元素的原子核。24+83=107，就这样，107号元素被制成了。

到目前为止，得到世界各国科学家公认的化学元素，总共有116种。然而，世界上到底存在有多少种化学元素?人们会不会无休止地把化学元素逐个制造出来呢?这个问题引起了人们激烈的争论。

有人认为，从100号元素镄以后，人们虽然合成了许多新元素，但是这些新元素的寿命却越来越短。像107号元素，只能存在1毫秒。照此推理下去，108号、109号、110号……这些元素的寿命可能更短，因此要人工合成新元素的希望将越来越渺茫。他们预言，即使今后人们还有可能再

☆ 元素周期表

制成几种新元素，但却已为数不多了。但是，很多科学家认真研究了元素周期表，并推算出在116号元素以后，可能又会出现几种"长命"的新元素!到底孰是孰非呢?迄今为止，尚无定论。

·扩展阅读·

人工合成元素

人工合成元素，在化学中是指自然界里不存在，只有通过人工方法才能制造出来的化学元素。一般透过将两种元素以高速撞击，增大自然存在的元素原子核质子的个数，达到增大原子序数，制造出新的元素。

至今已有20种人工合成元素被合成出来，它们均是不稳定元素，半衰期从几年到仅仅只有数毫秒。另外，还有十几种元素最初是通过人工合成的方式发现，但是后来在自然界中，也发现有痕迹量的存在。

人工合成元素均具有放射性，从而快速衰变为其他较轻的元素。由于它们的半衰期与地球的寿命相比过短，即使在地球形成初期曾经存在过这些元素，到现今也已经全部衰变为其他元素了。目前，只有在核武器或是在核反应堆、粒子加速器中进行的核试验中才能发现人工合成元素的原子。人工合成元素的产生方式有核聚变和中子俘获。

对于自然界中存在的元素来说，其原子量由地壳和大气层中天然同位素的丰度来决定。但是由于人工合成元素的同位素完全由人工合成产生，天然同位素的丰度没有任何意义，因此，在元素周期表中，人工合成元素的原子量使用其最稳定（即半衰期最长）的同位素之质量数来表示。

光合作用是怎样产生的？

作为地球上最重要的化学反应，光合作用对大多数人来说，好像并没有什么太大的秘密，似乎它的过程无非就是吸收二氧化碳，放出氧气。然而，尽管光合作用的发现至今已有二百多年历史，并且已有多位科学家在光合作用前沿研究上频频摘取诺贝尔奖，但其内在复杂机理仍被重重谜团笼罩。科学家坦言，要真正揭开"绿色工厂"的全部谜底，仍有很长的一段路要走。

为什么科学家们要对光合作用进行研究呢？这是因为人类所需要的许多生产生活资料都是由光合作用产生的，如果没有光合作用就不会有人类的生存与发展。所以，光合作用研究是一个重大的生物科学问题，同时又与人类现在面临的粮食、环境、材料、信息问题等密切相关。现在世界上每年通过光合作用产生2200亿吨物质，相当于世界上所有的能耗的十倍。要植物产生更多的物质，就需要提高光合作用效率。通过高新技术转化，我们甚至可以让有些藻类，在光合作用的调节与控制下直接产生氢。根据光合作用原理，还可以研制高效的太阳能转换器。

光合作用与农业的关系同样密切，农作物产量的90％到95％来自光合作用。高产水稻与小麦的光合作用效率只有1％到1.5％，而甘蔗或者玉米的效率则可达到50％或者更高。如果人类可以人为地调控光能利用效率，农作物产量就会大幅度增加。

近年来，空气里面二氧化碳不断增加，产生温室效应。光合作用能否优化空气成分，延缓地球变暖，也很值得探索。光合作用研究，还可以为仿真模拟生物电子器件，研制生物芯片等，提供理论基础或有效途径，对开辟21世纪新兴产业产生广泛而深远的影响。正是这些，使得光合作用研究在国际上成为一大热点。

早在两个多世纪以前，科学家就已经知道了光合作用，但真正开始研究光合作用还是在量子力学建立之后，人们也越来越为它复杂的机制深深叹服。

现在，科学家们已经知道，光

☆ 植物光合作用

合作用的吸能、传能和转化均是在具有一定分子排列及空间构象、镶嵌在光合膜中的捕光及反应中心色素蛋白复合体和有关的电子载体中进行的。但是让科学家们不可思议的是，从光能吸收到原初电荷分离涉及的时间尺度仅仅为$1.015\sim1.017$秒。这么短的时间内却包含着一系列涉及光子、激子、电子、离子等传递和转化的复杂物理和化学过程。

更让人惊奇的是，这种传递与转化不仅神速，而且高效。在光合膜系统中，在最适宜的条件下，传能的效率可高达$94\%\sim98\%$，在反应中心，只要光子能传到其中，能量转化的量子效率几乎为100%。这种高效机制是当今科学技术远远不能企及的。

探索
科学
未解之谜
Tansuokexueyejiethmi

那么，光合作用系统这个高效传能和转能超快过程到底是如何进行的?其全部的分子机理及其调控原理究竟是怎样的?为什么这么高效?这迄今仍是多年来一直困扰着众多科学家的谜团。有科学家说：要彻底揭开这一谜团，在很大程度上依赖于合适的、

高度纯化和稳定的捕光及反应中心复合物的获得，以及当代各种十分复杂的超快手段和物理及化学技术的应用与理论分析。事实上，当代所有的物理、化学最先进设备与技术都可以用到光合作用研究中来。

光合作用的另外一个谜团是：生化反应起源是自然界最重大的事件之一，光合作用的过程是一系列非常复杂的独立代谢反应，它究竟是如何演化而来?美国亚利桑那州立大学的生化学家罗伯特教授说："我们知道这个反应演化来自细菌，大约在25亿年前，但光合作用发展史非常不好追踪。有多种光合微生物使用相同但又不太一样的反应。虽然有一些线索能把它们联系在一起，但还是不清楚它们之间的关系。"罗伯特教授等人还试图透过分析五种细菌的基因组来解决部分的问题。他们的研究结果显示，光合作用的演化并非是一条从简至繁的直线，而是不同的演化路线的合并，把独立演化的化学反应混合在一起。也许，他们的工作会给人类这样一些提示：人类也可能通过修补改造微生物产生新生化反应，甚至设计出物质的合成反应。这样的工作对天文生物学家了解生命在外星的可能演化途径，也大有裨益。

我国著名科学家匡廷云院士曾深有感触地说："要揭示光合作用的机

☆ 光合作用

理，就必须先搞清楚膜蛋白的分子排列、空间构象。这方面我们最新取得的原创性成果就是提取了膜蛋白，完成了LHC－Ⅱ三维结构的测定。由于分子膜蛋白是镶嵌在脂质双分子膜里面的，疏水性很强，因此难分离，难结晶。"现在，中国科学院植物所经过多年努力已经提取了这种膜蛋白，在膜蛋白研究上，我国已经可以与世界先进国家并驾齐驱。

那么是否可能会有那么一天，人们可以模拟光合作用从工厂里直接获取食物，而不再一味依靠植物提供呢？科学家们认为，这在近期内是不可能的，因为人类对光合作用的奥秘并不真正了解，还有很多问题需要进一步弄清楚，要实现人类的这一

长远理想，可能还要付出更为艰辛的努力。

·知识链接·

大气电场与光合作用

大气电场作为一个新发现的光合作用调节因子正在生产中得到应用。正向的大气电场促进植物的光合作用，降低光饱和点；而负向的大气电场则促进呼吸作用。人工模拟大气电场变化的空间电场用于植物的光合作用调控，也用于高甜度水果化萝卜的生产工艺中。空间电场与二氧化碳增补相结合能促进植物生长和根菜类蔬菜甜度的增加。空间电场调控植物生长是空间电场生物效应的一个重要方面。

☆ 因为光合作用才让植物充满生机

物质的另外四种形态

提到物质的形态，我们不约而同地会想到三种状态，即气态、液态和固态。这是人们普遍认可的常识。然而这种认识其实并不全面，除了以上三种形态外，物质还有另外四种形态，它们分别是等离子态、超高压态、辐射场态、超离子态。这些物质的形态现在还没有完全被人们了解和掌握，因此可以说是一个关于物质存在状态的未解之谜。物质存在有几种形态呢？人们看到这个问题，也许会十分肯定地回答，物质存在有三态，即气态、液态、固态。

但其实这个认识并不完全正确。在气态中，组成气体的原子或分子的能量非常高，各个分离的分子间的引力较低，以致各个分子可以独立地进行不规则的运动。如果分子或原子的能量降低到某点，那么分子就不能再保持其独立性而相互之间开始发生关联，但此时尚有足够的能量可供给分子进行运动，使分子在其他分子之间流动，这就是液体。假使分子的能量进一步降低到某一点时，分子之间的联系更加紧密，各个分离的分子不能互相流动，而被固定到了某个位置上，这时我们就称之为固态。

然而，随着科学的不断发展，人们渐渐地发现，物质好像并不是严格地按照这三种状态存在着，在它们之外，还有着其他存在的形式。

到了现代，有科学家提出，物质还存在着另外四种形式，即等离子态、超高压态、辐射场态、超离子态。

等离子态：当温度升高到数百万度或更高时，物质组成的基本单元——原子的核外电子，就会全部变成游离状态，此时气体就成为自由电子和裸露的原子核的混合物了。根据科学家的研究认为，在一定的超高温的条件下，任何物质都有可能成为等离子态。例如水银灯中、雷雨天中的闪电里都有这种等离子态存在。目前，等离子态已被广泛地应用于高能物理研究、激光、核聚变等。

超高压态：如果对于某种物质施加几百万个大气压的压强时，其物质中原子核的核外电子就会被压变形，使带负电的电子和带正电的原子核压在一起，这样物质就会变得结构十分密集。其密度大得惊人，每立方厘米的超固态物质，可达几万吨。天文学家是最早的超高压态的发现者，他们通过对宇宙中的矮星、中子星等观察，推测这些星球的密度就处于这种超高压态。目前，这种超高压态的物质在我们地球上也成功地被制造出来了，由于其密度极大而十分坚硬，通常用于钻探、切割等方面。

对于超离子态、辐射场态目前了解得还很少，至于它们将会为人类带来什么样的影响，我们暂时无法预知。在我们对物质形态有所了解之后，又发现了这几种物质存在形式，那么物质是否还有其他的存在形式呢？只能由未来人告诉我们答案了。

·扩展阅读·

辐射场态

1915年爱因斯坦在创立广义相对论时，提出了引力场和引力波的重要概念，并创立了有名的引力场方程。广义相对论指出，在宇宙空间中引力场和引力波是广泛存在的，阐明了引力场与物质的不可分割性。后来，天文观测证实了爱因斯坦的这一崭新的科学观点。

根据科学发现，人们把自然界的物质划分为实物和场两大形态，场包括电磁场和引力场等。电磁场和引力场辐射整个宇宙空间，没有不可介入性。在一定条件下，电磁场和实物粒子可以相互转化。

由此可知，自然界不存在没有物质的空间，即使是真空，也并非空无一物。真空中，即使没有实物粒子，也存在引力场和充满了热辐射。热辐射，即各种波长的电磁波组成的粒子，统称光子。20世纪60年代的天文观测发现，在整个宇宙空间（包括真空）始终存在着3K微波背景辐射。像这种具有辐射作用的引力场和电磁场（包括无线电波、微波、红外线、可见光、紫外线和γ射线等），人们称之为辐射场态物质，又叫真空场态物质，即物质的第六态。

☆ 物质的状态

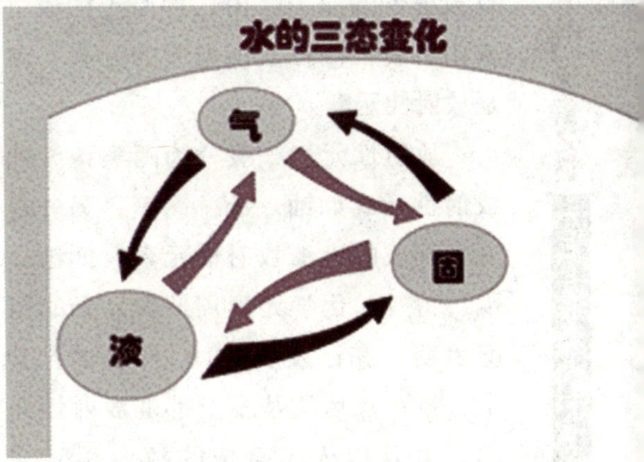

放射性元素之谜

能释放出高能粒子和射线的元素，化学中称之为放射性元素。放射性元素通常都应用于军事领域和医疗领域，产生的效果十分明显，起到的作用也很巨大，如我们熟知的原子弹主要成分"铀"就是一种放射性元素。放射性元素是化学中重要的一部分，那么放射性元素是如何产生放射效果的呢？至今仍然是一个未解之谜。

在自然界或科学实验中，有一些原子是极不安分的，它们能够自发地产生变化，有高能粒子或 γ 射线光子从它们的原子核中逃掉。由于原子核中的粒子数的减少，因而这种原子就变成了另外一种原子，而属于同一种元素的原子可以称为这种元素的同位素，这种能够从原子核释放出高能粒子和射线的原子，我们一般称之为有放射性的原子。由这种原子构成，或由放射性同位素所组成的元素，就是放射性元素。

放射性元素一般分为两类：天然放射性元素如铀、钍、锕等；另外是人工合成的人工放射性元素，如钷、镅、锝等。化学元素周期表显示的情况表明，在已发现的107种化学元素中，排在靠后的基本上都是放射性元素，并且以人工合成的放射性元素居多。另外一些本身并无放射性的元素，其同位素却具有放射性，这类放射性同位素也占有相当大的比重。

放射性元素都具有一个相同的特点，那就是，其原子不断进行变化并释放高能粒子和 γ 射线，这种变化根据自身元素的不同，时间则长短不一，长者可达数亿年，短则仅仅为几千分之一秒。因而，我们对于这种放射性元素的寿命很难估测，在化学上通常采用一种称为"半衰期"的计算方法，就是一种元素的原子衰变为它原来一半所需的时间。这种半衰期的测定既复杂、又简单。说其复杂，包括对元素内部原子活动情况的测定，这种原子发生变化可能是瞬间完成的，也可能需要很长时间，所以其原子变化是较难观测的；说其简单，就是当原子发生变化后，则很容易计算出其整体变化。

放射性元素的半衰期实际上就是对于该元素的稳定性的一种测定。如钍232这种同位素的半衰期为140亿年，所以无论从宏观还是从微观来讲，几乎与非放射元素一样具有着较高的稳定性。而氦5这种同位素，其半衰期仅仅只有一千亿亿亿分之一秒，因此人们是很难看到它的存在的。

放射性元素最早是法国物理学家亨利·贝克勒尔于1896年发现的，从那时起，人们就开始探索放射性元素为什么会有放射性。目前研究结果使人们对此有了大概的了解和认识，一般元素其原子核中有84个或多于84个质子的元素都是放射性元素。在原子核中，质子是带有正电荷的，根据库仑定律，"同种电荷相互排斥"，这种质子之间的相互排斥力使得原子核结构很不稳定，因而，只有放出带正电荷的质子才能保持稳定状态。当质子被释放后，其原子核中质子数目减少，因而就变成了另外一种元素。一种元素是否稳定，主要取决于原子核内的中子与质子数量的比值。这个比值太大或太小都是原子核不稳定的因素所在，通常认为在1.2：1～1.5：1的范围内，是元素稳定的条件。

对于放射性元素为什么会通过释放质子或捕获电子来达到这种原子核的稳定状态，以及为什么中子数与质子数的比值在1.2：1～1.5：1之间，

元素才具有稳定性这一现象，目前还无法准确地回答，还有待于科学家的努力。

·扩展阅读·

α、β、γ三种射线

地球上的一切自然物质中都含有不同数量的放射性元素，整个地球、乃至整个宇宙的一切自然物质，实际上都是由103种天然元素（不包括人造元素）组成的。在103种天然元素中，有一族元素具有放射性特点，被称为"放射性元素族"，所谓"放射性元素"，是指这些元素的原子核不稳定，在自然界的自然状态下不断地进行核衰变，在衰变过程中放射出α、β、γ三种射线和有放射性特点的惰性气体氡气。其中的α射线（粒子）实际上是氦（He）元素的原子核，由于

☆ 放射性元素

☆ 居里夫人

它质量大、电离能力强和高速地旋转运动，所以是造成对人体内照射危害的主要射线；β射线是负电荷的电子流；γ射线是类似于医疗透视用的X射线一样的波长很短的电磁波，由于它的穿透力很强，所以是造成人体外照射伤害的主要射线；由衰变而产生的氡（Rn）气是自然界中仍具有放射性特点的惰性气体，由于它还要继续衰变，因此被吸入肺部后，容易造成对人体内照射（特别是对肺）的伤害。

β射线速度接近光速，α射线（粒子）速度大约是光速的十分之一，电离强度是α、β、γ三种射线中最强的，但穿透性最弱，只释放出α粒子的放射性同位素在人体外部不构成危险。然而，释放α粒子的物质（镭、铀等）一旦被吸入或注入，那将会十分危险。它就能直接破坏内脏的细胞。γ射线是光子，没有静止质量，比X射线的穿透力强，要是被照射，时间长了，对人的健康危害很大。

"海水提铀" 的设想

铀是制造原子弹的主要原料，也是未来能源开发中最具潜力的物质之一。因此铀的提炼来源成了现代人关注的焦点。人们都知道，天然的铀矿和煤矿、油田一样是有限的，有一天就会被人们开发完。找到丰富的铀来源成了众多武器大国和能源消耗大国需要解决的问题。有些科学家提出了从海水中提炼铀的方法，这种设想是否能成功呢？

铀作为一种放射性化学元素在国防、工业、科研中有着极其重要的地位。由于其核裂变时能释放巨大的能量，从而成为核武器的主要原料。

随着人们对于铀的认识由过去的单一性向多元化转变，从而更加重视起了对铀的开发和利用。目前全世界拥有核武器的国家很少，而核工业国家却不断地发展，核能也由单纯的军事型转变为民用型，核电站就是这种转化的典型代表。目前世界上各国的核电站原料能源大都采用铀。因而人们从以往的淘金热，变成了淘铀热。据科学家分析，全球陆地上的铀矿总和约可产铀250万吨，也就是说，如果全世界都采用铀为原料制造核武器，核电站以及航天、航海中用作核燃料的话，那么用不了多长时间，陆地上的铀矿就会被开采一空，而为之所建

立的一切设施将变成一堆废钢铁。

专家们又提出，铀在海水中的总量超过陆地总量的1500多倍，这无疑为有核武器、核工业的国家注入了一针强心剂，于是人们便开始了海中寻铀的艰难工作。

在人们头脑一阵发热之后，才慢慢地发现，这是一场多么艰难的工作呀！铀在海水中的浓度仅为十亿分之三，也就是说，一千吨海水中仅含有三克铀，铀存在于海水中的三碳酸盐复合物中。人们在处理了大量海水之后才发现，从海水中提取的铀所能释放的能量仅仅相当于或略高于将其从海水提取过程中所消耗的能量，这未免有些得不偿失了。于是科学家们又开始探讨新的方法，以减少耗能而获取更多的铀。

美国科学家们用有机树脂分离海水中的铀与几种其他金属，在实验

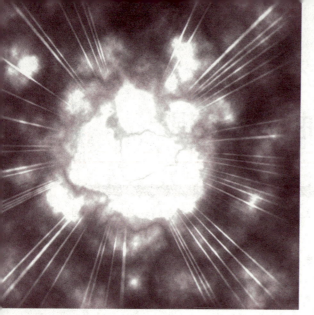

☆ 核能

室研究中获得了成功，但是由于有机树脂的吸附率较低而大量生产成本较高，很难在实际工业中应用。后来，又经过长期地探索，终于发现了一种较为理想的新的铀吸附剂——水合二氧化钛，并且就此而研制出了一套以二氧化钛为基础的海水采铀的技术。

在这众多的研究大军中，我国科学家们为此做出了重大贡献。他们研究发现，氧化铝、氢、氢氧化铁和氧化锌的吸铀能力最强，并且已在实验中得到证实。如果在实际工业中能够得以应用的话，那么提取铀的成本将大大下降，这无疑为海水提铀工业做出了巨大的贡献。

另外，国外一些研究机构，也发现了较为经济简便的提铀方法，他们研制开发了一种负离子交换剂，其吸附铀的效果也十分显著，在实验室中的表现上乘，但是在利用潮流的海水实验中，却令人失望。如想突破这个大关，尚需要另外研制一个与之完全不同的提铀工艺流程。

总之，"海水提铀"的设想是伟大的，而完成这个设想是极为困难的。目前世界上有数以千计的科学家和研究小组，仍在不懈地努力着，或许会有一天，"海水提铀"不再是一个神话，但现在我们只能将其列为一个尚未解开的谜。

· 扩展阅读 ·

同位素

同位素是同一元素的不同原子，其原子具有相同数目的质子，但中子数目却不同（例如氕、氘和氚，它们原子核中都有1个质子，但是它们的原子核中分别有0个中子、1个中子及2个中子，所以它们互为同位素）。

同位素原子是具有相同原子序数的同一化学元素的两种或多种原子之一，在元素周期表上占有同一位置，化学性质几乎相同（氕、氘和氚的性质有些微差异），但原子质量或质量数不同，从而其质谱性质、放射性转变和物理性质（例如在气态下的扩散本领）有所差异。同位素的表示法是在该元素符号的左上角注明质量数（例如碳14，一般用C^{14}来表示）。

在自然界中天然存在的同位素称为天然同位素，人工合成的同位素称为人造同位素。如果该同位素是有放射性的话，会被称为放射性同位素。

探索生物导弹之谜

战争所应用的导弹之所以能够准确地击中预定目标，是因为其弹头上装有一种先进的制导系统。据专家的报告，一枚优良的导弹，能够在几千公里以外发射而击中预定目标，误差范围不超过15米。这种现代化的高精尖技术，遗憾地被用在了屠杀生命上。而生物导弹与之相反，是用于解救人类的生命。

在海湾战争中，爱国者与飞毛腿展开了一场导弹大战，令世人瞩目。导弹作为现代化战争中一种必不可少的武器，正日益受到广泛关注。

也许你还不太知道，在医学工程中也有一种导弹，它利用高度的准确率将一枚枚载有杀死某种特定病毒的药物，发射到预定的目标。执行这种特殊功能的载体，就是目前研究中的生物导弹。

对于生物导弹的制导系统的研究，是生物导弹作用大小的关键所在。我们知道，癌症是目前人类难以攻克的顽症，对于癌症的治疗目前所采用的无非是化疗和放疗。这两种治疗虽然对癌细胞有一定的杀灭作用，但同时也有许多正常的组织细胞在治疗中被杀死。另外，化疗药物随血液循环抵达癌组织时，药物浓度已经很低了，达不到有效的作用浓度。于

是，人们想到能不能用什么方法来使病变局部的药物浓度提高而不杀死正常组织细胞呢？

科学家们在研究中发现，如果将癌细胞从机体组织中提出一部分，将其移植到裸鼠体内，然后多次繁殖，使癌细胞失去原有的生物活性，这时将其与抗癌药物相结合重新注入体内。奇迹出现了，这些载有抗癌药物的癌细胞，具有极高的方向辨别力，进入体内后迅速回到原来癌细胞生长的部位，并且将结合于其身上的抗癌药物也一同带到原有的癌组织中，这时抗癌药释放出来，有效地杀死了癌细胞。这些最初被提取出来的癌细胞，由于其减毒移植后仍具有较强的认亲性，因而是一种极为理想的导弹头。

这种实验目前已被应用到了临床，医学专家通过对胃腺癌的研究，

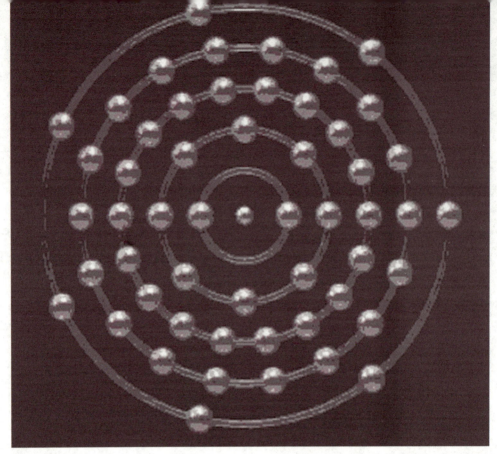

☆ 生物导弹

制成了生物导弹，在临床上收到了良好的效果。但目前仍只是停留在胃腺癌的水平上，因为腺癌比起其他类型的癌细胞来说较为容易被培养分离。在针对其他癌细胞的生物导弹研究中，遇到了极大的困难。

生物导弹作为生物化学和医学领域中的一门新兴技术，已经受到广泛重视。目前，国内外许多医疗科研单位都在积极地研究中；但其提取、分离、结合载体等过程极为复杂，并且制作周期较长，还很难广泛地应用于临床，因此，对于这些方面的研究改进，是我们今后努力的方向，希望人

类在制造杀人导弹的同时，应该多多关注救人的导弹。

·扩展阅读·

生物技术

生物技术，有时也称生物工程，是指人们以现代生命科学为基础，结合其他基础科学的科学原理，采用先进的科学技术手段，按照预先的设计改造生物体或加工生物原料，为人类生产出所需产品或达到某种目的。生物技术是人们利用微生物、动植物体对物质原料进行加工，以提供产品来为社会服务的技术。

氢能够被制成金属吗?

氢是化学元素中排在第一位的气体,我们都知道氢在通常的情况下是呈气态出现的。但是近代有一位科学家说出,能不能让氢以固态的形式出现呢?这一设想在理论上很快就得到了支持,科学家提出只要有足够的压力,气态氢就可以变成固态氢,我们称之为"金属氢"。金属氢具有常温超导性,以及高储能密度,当然,这都还只是人们的推测。关于真实的金属氢的实现,还需要有一段路要走。

氢 在自然界一百多种化学元素中可以称得上"老大哥"了,因为其原子序数为1,所以即使对化学知识了解很少的人,也会首先想到它。氢也正是由于其得天独厚的地位,因而引起了科学界的广泛瞩目。

氢作为化合物的形式存在于我们的周围,已被人们广泛认识。如我们饮用的水(H_2O),就是氢和氧化合而成的物质,我们胃内的胃酸即盐酸(HCl)也是一种氢的化合物。其实在我们机体的细胞组织中含有的氢离子(H^+)则更多了,它们在我们生命的活动中,起到重要作用。氢以非化合物形式存在,我们也对此有些了解,如液态的氢是目前航天领域中独领风骚的动力燃料,其燃料所产生的热能远远超过了我们现已知的可用性燃料,并且其体积小、重量轻,已成为航天器中最为理想的动力来源。

在氢为我们创造了大量的不朽杰作的同时,人们不禁又突发奇想,氢在常态下是以气体的形式出现,能不能将氢制成金属呢?这种想法不是没有科学道理的,因为与氢同属一族的其他元素都是金属,唯独氢是气体,这看起来似乎不应该,那么有没有什么办法能将氢制成金属呢?

英国物理学家贝纳尔早在六十多年前就曾做出一种预测,只要有足够的压力,任何非金属物质均能够变成金属。因为在极大的压力下,可以使原子之间的化学键受到破坏,使原子间距缩小,从而原子间的相互作用大大加强,将原来只能在一定原子轨道上运动的电子变成自由电子。这样，该自由电子就变成各个原子所共有，从而形成具有自由电子的金属了。按照贝纳尔的设想，科学家们便着手于这项巨大的工程研究，结果是令人惊奇的，科学家们在超高压的作用下，已成功地将非金属物质如磷、碘、硒、硫等变成了金属，使之成为了既有金属光泽，又有良好导电性的金属物质。进入20世纪后期，科学家们又成功地将氙气在32万大气压和 32K的条件下变成了金属氙，随后又在100万大气压下成功地制成了具有金属光泽的氧。于是人们又开始向更高的尖端进发了，他们要制造出金属氢。

据科学家分析，金属氢将具有极为特殊的性质，如常温超导性、高导热性以及高储能密度。当然，这些仅仅是科学家们的推测，至于金属氢一旦制成，是否真的像人们所想象的那样，目前还一无所知。人们一次次地尝试均失败了，然而这更激发了科学家们的斗志和探求精神，终于人们在超高压压力机下得到了一线希望。当超高压压力机达到100万个大气压时，人们在两个压砧之间通入纯度极高的氢气，并且将温度降至4.4K时，奇迹发生了，人们终于在两个压砧之间得到了一种具有金属光泽，其电阻率不足原来百分之一的金属氢。更值得欣慰的是，当人们将超高压力减少时，

其仍能稳定地处于金属状态；这无疑为那些苦苦探寻金属氢的科学家们注入了一针强心剂，于是他们又开始向更高的阶梯攀登。

但是，目前摆在我们面前的困难还很多，如超高压机的研制、开发，金属氢常温下能否稳定存在，以及将来能否大批量地生产与制造，这一切我们现在还无法告诉人们。至于这个美好的构想能否实现，还有待于时间来回答。

为什么人们如此费尽心血地来研制金属氢呢?

为什么人们如此费尽心血地来研制金属氢呢？这是因为一旦金属氢问世，就如同当年蒸汽机的诞生一样，将会引起整个科学技术领域一场划时代的革命。

金属氢是一种亚稳态物质，可以用它来做成约束等离子体的"磁笼"，把炽热的电离气体"盛装"起来，这样，受控核聚变反应使原子核能转变成了电能，而这种电能将是廉价的又是干净的，在地球上就会方便地建造起一座座"模仿太阳的工厂"，人类将最终解决能源问题。

金属氢又是一种室温超导体，它将甩掉背在超导技术"身上"的低温

探索
科学
未解之谜
tansuokexueweijiezhimi

"包袱"。超导材料是没有电阻的优良导体，但现在已研制成功的超导材料的超导转变温度大多在零下250℃左右，这样的低温工作条件，严重地限制了超导体的应用。金属氢是理想的室温超导体，因此，可以大显身手。

用金属氢输电，可以取消大型的变电站而输电效率在99%以上，可使全世界的发电量增加四分之一以上。如果用金属氢制造发电机，其重量不到普通发电机重量的10%，而输出功率可以提高几十倍乃至上百倍。

金属氢还具有重大的军用价值。现在的火箭是用液氢作燃料，因此必须把火箭做成一个很大的热水瓶似的容器，以便确保低温。如果使用了金属氢，火箭就可以制造得灵巧，小型。金属氢应用于航空技术，就可以极大地增大时速，甚至可以超过音速许多倍。由于相同质量的金属氢的体积只是液态氢的1/7，因此，由它组成的燃料电池，可以较容易地应用于汽车，那时，城市就不再像现在这样喧哗、污染而变得十分清洁、安静。

金属氢内储藏着巨大的能量，比普通TNT炸药大30～40倍。伴随着金属氢的诞生必将会产生许多新式武器。

☆ 美丽的海滨

反复不定的"化学振荡"

物理学中的振荡现象我们都能理解，是惯性力和地球向心引力发生作用的结果，使物体同期性地来回振动……但是化学当中也存在"振荡现象"，这倒令人们感到颇为震惊。化学振荡的表现是试管内的溶液发生反应后并不稳定，而是一会儿振荡，一会儿停止。那么这种现象是如何产生的？为什么物质会有这种反应呢？这至今还是化学界一个谜题，无法解开。

支试管内溶液的颜色一会儿变红，一会儿又变蓝，呈现出有规律的节奏和漂亮的颜色，煞是迷人。这种现象叫"化学振荡"。

提起振荡，人们并不陌生，如钟摆的往复摆动，弹簧的自由伸缩，心脏的收缩和舒张，电路中的电流或电压在最大值和最小值之间重复变化的过程等都是振荡。说起化学振荡，其实，也是一种随时间周期性重要变化的过程，只是这一过程发生在化学反应中。

最初发现化学振荡现象是在1873年。德国化学家李伯曼曾经做过一个有趣的"汞心脏"实验。当时，李伯曼把水银放在玻璃杯的中央，再把重铬酸钾和硫酸的混合溶液慢慢地注入杯中，然后将一个铁钉放在紧靠水银附近的溶液中。他惊奇地发现，水

银珠就像心脏似地跳动了起来，他认为，这是由于化学反应使得水银的体积发生了周期性变化造成的。此后，化学家们还发现了许多别的化学振荡现象。

化学振荡究竟是怎么一回事呢？这种现象一出现，就有人对它进行了研究。

1910年，洛特卡提出了一个以质量作用定律为基础的振荡反应数学模型；到了1931年，沃尔特拉在洛特卡模型的基础上，又提出了一个更完善的模型，这个模型就以他俩的名字来命名，称为洛特卡-沃尔特拉模型。虽然这一模型为化学界所普遍接受，但它并不是尽善尽美的。

尽管化学家对化学振荡现象还不甚了解，生物学家对化学振荡却如获至宝，企图用它解开"生物钟"

的奥秘。不论是在植物体、动物体内还是人体内，都存在着一些周期性的现象，例如植物的花开花落，春华秋实，动物的冬眠夏徙、昼出夜归，人类的一日三餐、早起晚寝，这些现象的周期虽然不很精确，却是客观存在的。即使在消除了外部节律的人造环境中，这些"生物钟"现象依然我行我素。于是，生物学家便关注起了生物体的内部节律：生物体内是不是存在着某种周期性的化学反应？是不是由于化学振荡现象在其中"捣鬼"？果真如此，事情也未必会水落石出，因为任何化学反应都将受到外部环境因素的影响；如温度、光照等等，而"生物钟"却不是这样。化学振荡和"生物钟"究竟有何瓜葛？要解答这个问题，首先必须搞清楚化学振荡的本质，对此，化学家们正在积极地探索。比利时著名科学家普利高津教授曾断言：化学振荡现象只能在化学耗散过程才可能出现。这为解开化学振荡之谜开辟了一条新的途径。

·知识链接·

化学振荡的必要条件

发生化学振荡现象必须满足如下几个条件：

（1）反应必须是敞开体系且远离平衡态；

（2）反应历程中应包含自催化的步骤；

（3）体系必须存在两个或两个以上的稳定状态。

☆ 化学实验

气与水的化合物——可燃冰

冰是水在0°C以下结晶形成的固体。我们知道冰在高温条件下又会融化成水，而且是不可能燃烧的。但是在一次工程施工当中，一位前苏联工程师却发现了一种可以燃烧的冰，称为可燃冰。这是在低温下天然气和水发生反应形成的类似冰的化合物。不过这种"冰"可以燃烧。由可燃冰人们想到了可能天然气并不只有在陆地才有，海洋中也有，不过它们以可燃冰的形式存在着，没有被人发现，这一构思无疑为人们开采天然气能源带来福音。可燃冰的开采能顺利实现吗？

若干年前，苏联有一位天然气专家为了研究往天然气井里注水对产量的影响，让工人把20吨水注入一口气井里。不料，天然气出不来了，刚刚还出气的气井顿时变得死气沉沉。难道水会压住天然气？这是不大可能的事。这位天然气专家决定向气井里注入2吨甲醇。没有几个小时，气井又喷气了。他继续研究这一奇怪现象，发现原来气体在低温和高压条件下很容易形成水化物。在气井深处，温度低，压力大，水注入之后，就跟井里的天然气很快结合起来，形成一种特殊的水化物——可燃冰。气与水形成冰，气又如何喷出气井呢？而注入甲醇之后，甲醇与水有很大的亲和力，这样就破坏了可燃冰的结构，让气又解放了出来，重新喷出地面。

人们很自然会想到在大海深处，很可能存在丰富的可燃冰。经过海洋学家和化学家的努力，这个猜想终于得到证实，在北极的海底发现了大量的可燃冰。可燃冰的结构很奇特，在一个可燃冰气体分子周围，包围着六个水分子，只要把水去掉，就是一种理想的燃料。它的热值很高，在每立方米可燃冰内压缩着200立方米的可燃气体。它们的储量在海洋里也大得惊人，现在已探明的储量，比煤、石油和天然气的总储量还要大几百倍。至少可供人类用上几千年。

在海洋底部为什么会形成这么丰富的可燃冰，至今没有研究透。据推测可能因为海底压力大，海洋里的生物死后尸体沉入海底，经过细菌分解，生成甲烷、乙烷等可燃性气体，然后与水结合形成可燃冰。自古至今，一年又一年，就形成了这样的可燃冰矿藏了。但是，这种解释虽然有道理，却显得苍白无力。按说气体比水轻，它应该冒出海面，释放到大气中来。为什么反而钻入海底，与水结合呢？还有一个问题，海洋的生物死亡之后，尸体一般都是浮在海面，很少沉入海底的，不沉入海底，又如何谈得上分解成甲烷和乙烷可燃性气体呢？如果上述理论成立，那么陆地上的天然气早就应该与地下水形成可燃冰了，为什么没有这样呢？所以，此论不足取。

人们对可燃冰有如此大的储藏量感到高兴，但要开采却有不小的困难。因为它们都沉睡在海底，人无法下去开采。这就需要一种有效的破冰剂，在机器人的操纵下进入海底，用破冰剂破坏可燃冰的结构，同时又能集中收集可燃性气体。这当然是未来的任务了。

· 扩展阅读 ·

天然气水合物

天然气水合物是分布于深海沉积物或陆域的永久冻土中，由天然气与水在高压低温条件下形成的类冰状的结晶物质。因其外观像冰一样而且遇火即可燃烧，所以又被称作"可燃冰"或者"固体瓦斯"和"气冰"。

天然气水合物是20世纪科学考察中发现的一种新的矿产资源。它是水和天然气在高压和低温条件下混合时产生的一种固态物质，外貌极像冰雪或固体酒精，点火即可燃烧，有"可燃水""气冰""固体瓦斯"之称，被誉为21世纪具有商业开发前景的战略资源，天然气水合物是一种新型高效能源，其成分与人们平时所使用的天然气成分相近，但更为纯净，开采时只需将固体的"天然气水合物"升温减压就可释放出大量的甲烷气体。

☆ 开发海底可燃冰

超强酸的强烈腐蚀性从何而来?

我们知道，在化学物质构成中，酸是一种具有强氧化性、强溶解性和强深发生的物质。酸非常容易和金属反应，生成气体和其他物质。酸也被运用于金属加工。在众多的酸类物质中，酸性腐蚀最强的是哪一种呢? 起初人们认为是盐酸和硫酸，后来人们又发现了硝酸和盐酸的混合物——"王水"，它甚至能融化黄金。但它还不是最强的酸，人们发现了一种"超强酸"，可以让任何物质都在这种溶液中粉身碎骨。但是超强酸的强烈腐蚀性是从何而来的呢? 人们至今也没有得出合理答案。

是化学物质当中的一个大家族，它的成员包括盐酸、硝酸、硫酸等，都是参与化学反应的重要物质。人们对酸的认识是逐步深入的。起初人们只知道醋酸，到17世纪，荷兰化学家才发现了盐酸、硝酸和硫酸，但是这远远不是"酸"类物质的尽头。

人们知道，盐酸、硝酸、硫酸可以溶解其他金属，但是对于黄金却无能为力。黄金不怕酸的时代并没有延续多久，化学家们就发现，如果将浓硝酸和浓盐酸按照1∶3的体积比混合，所得到的混合酸液的酸性强度比上述几种酸要强得多，黄金遇到这种混合酸液就像"泥牛入海"一样，很快就变得无影无踪。无怪乎人们称这种混合酸液为"酸中之王"——王水。

在很长的一段时间里，人们认为最强的酸就是王水了，不会再有新的"酸王"出现了。就在人们对强酸没有什么新追求的情况下，在一个圣诞节的前夕，美国加利福尼亚大学的实验室里却传出了一则惊人的消息: 奥莱教授和他的学生偶然地发现了一种奇特的溶液，它能够溶解性质非常稳定的蜡烛。这种奇特的溶液是1∶1的 SbF_5 与 HSO_3F 溶液。

我们知道，蜡烛是高级烷烃，通常不与强酸、强碱甚至强氧化剂作用，但1∶1的 SbF_5 与 HSO_3F 溶液却能让它"粉身碎骨"。奥莱教授对此现象非常惊愕，他把这种溶液称作"魔酸"，后来又称做超强酸。

SbF_5 与 HSO_3F 超强酸的发现，重新点燃了人们对强酸研究的兴趣之火。迄今为止，化学家们又找到了多种新的超强酸。不仅有液体超强酸，还有固体超强酸。

从成分上看，超强酸都是由两种或两种以上的化合物组成的，且都含有氟元素。它们的酸性强得令人难以思议，真不愧是酸中的"巨魔"。例如，当其"摩尔比"为1∶1时，其酸性强度约为浓硫酸的十亿倍。它们是强酸家族的新秀，也是名副其实的超级明星，王水在它们面前只能"小巫见大巫"了。

对于超强酸为什么能使正丁烷发生上述化学反应，其详细反应机理至今也不清楚。

现在已知的几种超强酸，除了可以做催化性能极高的酸性催化剂以及做有机化合物和无机化合物的质子化试剂外，在其他领域里还有哪些应用，这方面的谜也藏得很深很深，等待着人们去发现。

·知识链接·

超强酸的用途

a．非电解质成为电解质，能使很弱的碱质子化（碳正离子）。

b．超酸中，解离出多卤素阳离子 I^{2+}、I^{3+}、B_r^{2+}、Cl^{2+} 等。

c．良好的催化剂。

第五章

心理学迷宫

　　心理学是研究人和动物心理现象发生、发展和活动规律的一门科学。"心理学"一词来源于希腊文，意思是关于灵魂的科学。随着科学的发展，心理学的对象由灵魂改为心灵。心理学家在尽可能地按照科学的方法，间接地观察、研究或思考人的心理过程（包括感觉、知觉、注意、记忆、思维、想象和言语等过程）是怎样的，人与人有什么不同，为什么会有这样和那样的不同，即人的人格或个性，包括需要与动机、能力、气质、性格和自我意识等，从而得出适用于人类的、一般性的规律，继而运用这些规律，更好地服务于人类的生产和实践。

神奇的第六感

一名身处异乡的女子走进一幢建筑物，她也许会突然感觉到自己以前到达过此地或者有一种非常熟悉的感觉，但事实是她以前未曾来过；一位六岁的孩童能够预感到一场大灾难即将发生，并且准确地预测出灾难的时间——这种神奇的感觉令人们吃惊而困扰，这是人类在听、视、嗅、触、味觉之外的另外一种感觉，在心理学上又被称为"第六感"。

第六感通常的表现是似曾相识，比如人们有时对于眼前的景象非常熟悉，似乎已经发生过，但你却清楚这可能是第一次面对此情此景。

另外一种表现就是先知先觉。很多情况下，能够预测到未来发生的事情。虽然我们可以用人类心理学，例如直觉，对此提供一种合理的解释，但是这种现象的本质和缘由仍然是一个谜。

不管我们是称其为直觉、"第六感"还是其他什么名词，人们在某个时刻都体验过此经历。当然，直觉往往是不准的。有多少次你能确保飞机在出现紊流状态时能安全降落呢？但是我们似乎在事情发生的那一刻有时能感觉得到。心理学家认为人们在潜意识中收集了各种周遭信息，这些信息帮助我们去预知某些事情，而我们根本不知道这些事是怎么发生的，也不明白自己为什么能感觉得到。同时我们也很难解释其中的奥秘，就连心理学家也只能给出一部分现象的解释。

每一个人的一生中恐怕都会有一次碰到突然萌生的奇怪感觉。在看什么东西的时候，会突然意识到：这事有一次曾经发生过，我曾经到过那里，做过这件事，听过这样的话，当时也是这样的灯光……在那一瞬间，大脑给我们发出一个信号，说是它认出了发生的事。这种现象便称之为记忆错觉，也称回忆幻想。人怎么会出现对未来的回忆呢？科学家称这类感觉叫"第六感"。那种似曾相识的感觉，你有过吗？

动物能够通过察觉环境中发生的微妙变化，来感知迫在眉睫的危险。

探索
科学
未解之谜
tansuokexueweijiezhimi

☆ 人类是否拥有第六感？

而人类究竟有没有这种可以预知危险的"第六感"呢？多年来，科学家们对这个问题一直存在着不尽相同的观点。虽然一些学者对人类也同样具有"第六感"的这一说法并不认同，但是美国圣路易斯华盛顿大学的科学家日前经研究证实，人类大脑中确实存在着一个具有早期预警作用的特殊区域。

俄罗斯国立人文大学最高人文学研究所研究人员、哲学副博士列昂尼德·卡拉谢夫有他的一套独到见解。他说，有很多学者都认为记忆错觉是源于过度疲劳、大脑混乱，所以把未知当成已知，他却倾向这是一种"全息摄影错觉"。

众所周知，生理学上将人类的感官分成五种：视觉、听觉、嗅觉、味觉和触觉。从分子水平上看，这种划分甚无道理。我们对外界刺激的感觉，是通过被称为受体的蛋白质进行的。视觉比较独特，通过光受体感觉光线刺激，但听觉和触觉实际上是同一类，都是通过机械性受体感觉机械刺激。嗅觉和味觉也是同一类，它们具有化学受体，感受化学分子，只不过，嗅觉感受的是气体分子，而味觉感受的是液体分子。所以这五种感官，实际上是三种。

人类和动物一样具有第六感。视觉、听觉、嗅觉、味觉和触觉——自古希腊亚里士多德提出人类有五种感觉之后，这一观点一直得到人们的认同。但是，长久以来，也有人相信人类存在着一种超过这五种感觉的"第六感"。

几年前，美国"每日科学"网站报道，美国科学家的最新研究显示，人类也具有类似鲨鱼对电流的第六感。而2005年，美国华盛顿大学脑心理学专家的研究结果显示，人类大脑额前叶的某一部会对某些危险情境起到预警作用。

尽管科学界还没有给"视、听、嗅、味、触"这五大感觉之外的"第六感"命名，但相关的研究却并不少。科学家曾根据这个感觉的特征——直接影响人们感情、情绪，提议将其命名为"类嗅觉"或者"情觉"，而国外目前通常的称法为"费洛蒙感觉"。

第六感研究领域最主要的信息来源是动物界。动物心理学家丹尼斯·巴登在《动物心理学》一书中，用很大的篇幅描绘了动物的"第六感"。书中提到，1940年希特勒对伦敦进行大规模轰炸，在德国飞机袭击前数小时，有一些猫就在家中来回走动，频频发出尖叫声，有些咬着主人的衣裙拼命往外拉，催促他们迅速逃离。动物发出的种种奇特信号，使得科学家开始破译动物神秘的第六感。英国生物化学家鲁珀特·谢尔德雷克二十年来一直从事科学实验，他认为心灵感应和预感等现象可以从生物角度得到解释，它们是正常的动物行为，它经过了数百万年的演变，是为适应生存的需要而形成的。谢尔德雷克表示，人类的第六感同样是从祖先那里继承的技巧。

在对动物界进行探索后，科学家指出动物界普遍存在着对外激素（信息素）的感觉。外激素是动物分泌的化学物质，用于影响同种动物的行为。通过研究，科学家认定感觉外激素的器官叫做犁鼻器，这是一个位于鼻中隔底部的软骨结构。

目前，人类外激素也已被科学界确认，只是，接受人体外激素的器官犁鼻器却已高度退化。只有在胎儿和新生儿中，还有明显的犁鼻器结构。犁鼻器，又被称作费洛蒙鼻嗅器（vomeronasal organ）。最先被发现有鼻嗅器的高等动物是蛇类。因为蛇的舌头尖端是分叉的，它常常伸出嘴外品尝空气的特别香气分子，一旦嗅闻到一些气味，它就会把缩回的舌尖放置在口内的鼻嗅器上，以便鼻嗅器感觉。

人类的鼻嗅器最先是由美国的解剖学者在解剖尸体时发现的，后经两位电子显微镜组织学家莫兰（David Moran）及杰夫克（Bruce Jafek）证明无误。

美国学者利用研究昆虫触角电析法的测量法，将电极放置在人类鼻嗅器上，再将信号放大，结果发现，和其他昆虫、老鼠一样，可以测量出不同化合物所引起的直流电压变化。结果显示，男性的鼻嗅器对女性皮肤分泌的醇类物质特别敏感，而女性的鼻嗅器对男性皮肤分泌的酮类物质特别敏感。那么从鼻嗅器测量出来的反应，跟嗅觉有什么不同吗？为什么要叫它为第六感呢？因为鼻嗅器和鼻内的嗅觉上皮层位置不一样，而且后者有神经和大脑相连接，而前者尚未找到与大脑连接的神经。

与此同时，随着更多的科学研究，科学家发现在人类身上还存在着其他"第六感官"，这些也是通过对动物的比较研究得出的。鲨鱼在捕猎和水中游弋时能迅速地感知到电流信号。这种超强的能力曾被视为鲨鱼的第六感。日前，美国佛罗里达大学的马丁·科恩（Martin Cohn）及其领导的实验室称发现了这一第六感官，并指出人类也具有此感官。该文曾发表在《进化与发展》（Evolution & Development）杂志上。

马丁·科恩指出，鲨鱼头部有个能探测到电流的特殊细胞网状系统，被称为电感受器。鲨鱼就利用电感受器来捕食猎物。同样，鲨鱼还能借助地球磁场在浩瀚无边的海洋中辨别方向。马丁·科恩认为这就是鲨鱼具有第六感的表现。

为了对鲨鱼的第六感进行探究，美国研究人员对小斑点猫鲨的胚胎进行了研究。通过分子测试，他们在鲨鱼的电感受器中发现了神经嵴细胞（neuralcrest cells）的两种独立基因标志。神经嵴细胞是胚胎发育早期形成各种组织的胚胎细胞。研究结果显示，神经嵴细胞从鲨鱼的脑部转移至其头部的各个区域，并在其头部发育为电感受器，成为鲨鱼独特的"第六感"。

人类的神经嵴细胞对人面部骨骼和牙齿的形成起着重要的作用。研究成员之一、路易斯安那大学的生物学家詹姆斯·阿伯特（James Albert）表示人类也曾具有这样的电流感受能力。科学家认为所有的原始脊椎动物，包括人类早期祖先在内都具有电流感受能力。但随着它们的进化，哺乳动物、爬行动物、鸟类和其他一些海洋生物，如鲟鱼和七鳃鳗等还仍旧保留着这种"超能力"。

动物的第六感给科学家以参照，有学者进一步认定，人类的认知系统中也有着独特的"第六感"。

2005年底时，美国有科学家撰文称，人类大脑可能具有"盲视"的功能。人类可以不通过感觉器官而直接感应到外界信息，近似于一种"第六感"。华盛顿大学的科学家2004年的报告指出，大脑额叶部区域可早于人类意识之前感知到危险，并且提供早期的警告帮助人类逃脱。研究人员在研究中发现，脑部的一块区域——又被称为前扣带皮质（anterior cingulated cortex，ACC），可能会觉察出环境中细微的变化，并起到预警作用，提醒人们逃脱困境。

针对国外的这些研究成果，大脑能给人预警，是人类的潜意识问题，并不能简单地等同于第六感。"这是一个信息处理区域，根据信息在决定形成过程中的作用来区分处理的先后顺序。看起来，它能够把有关动机和效果的信息联系起来，从而带来认知的变化，改变人们对事物的看法。"圣路易斯华盛顿大学心理学研究员约书亚·布朗博士（Dr. Joshua Brow）表示，当我们有可能犯错误时，甚至在必须做出困难决定之前，前扣带皮质实际上已经察觉到了这种"困境"，因此前扣带皮质在大脑对外界的认知与反映中便担当了一个早期的警告系统。当我们的行为可能导致负面结果时，前扣带皮质便预先警告我们，让我们更小心，避免犯错。

实验中，研究人员让健康的年轻人响应在计算机屏幕上出现的一系列信号。参加者必须根据屏幕上所出现的箭头的方向很快地按键盘上的按键。但为了试验出被测试者处理未知事件时脑部运动状况，研究人员有时会插入另一个较大的蓝色箭头，使得参加者必须转换思维，而按另一按键。扫描参加者的脑部活动显示，最后只要仅仅显示与较大箭头相关的蓝色，就足以发动前扣带皮质的活动。研究人员解释，这项研究表明脑部的这块区域提早了解到事物信息，尽管你未必能意识到它。

我们所感知世界的信息就像一座冰山，但以意识的方式呈现出来的却仅为冰山一角。很多的信息只能是处于非意识状态，存储在我们大脑的某个部位。当在某些情况下，这些信息会"莫名"地呈现，但之前我们也是完成了一个对此信息的存储过程，只是一直处于"潜在状态"。因此，大脑早于我们意识进行一些脑部运动，也是属于大脑认知活动的正常范围。

国外有人把人类的第六感称为"超感觉力"（英文简写成ESP）。三十年前，美国曾以心理学家（90%为大学教授）为调查对象，调查他们对"超感觉力"的看法。当时认为肯定有和可能有的人数加起来仅占被调查人数的17%。然而，到了上世纪70年代末，美国纽约州立大学的心理学家对全美主要大学2400名教授的调查结果表明，肯定"超感觉力"的人上升到了16.3%，认为大概存在的有49.3%，大概不存在的占19.4%，而根本就不承认的仅占10.9%。也就是说，美国大学教授中一半以上的人是相信第六感实际存在的。

有关第六感的讨论和研究，目前仍然在进行当中。希望有一天科学发展到一定水平能够帮助人们解开"第六感"的秘密。

安慰剂效应

人类自我安慰的方法也能治病吗？初听这个说法会感觉到不可思议，但是经过医学家们的研究发现，事实如此：相信自己的病能够痊愈和康复会大大有利于疾病的治愈，这种现象在医学中被称为"安慰剂效应"，至今被很多医生在治疗当中使用着。医学这门学科的提出，开始时仅仅是为了帮助理解心智情绪是怎样影响人类的身体健康。比如，安慰剂效应是一种不稳定状态，可以随疾病的性质、病后的心理状态、不适或病感的程度和自我评价，以及医务人员的言行和环境医疗气氛的变化而变化。人类的这种自愈能力是令人诧异的，远比现今任何发明的医药对人们生理产生的效应要大。但是"安慰剂效应"的具体原因现在仍然是一个谜。

安慰剂效应，又名伪药效应、假药效应、代设剂效应（英文：placebo effect，源自拉丁文placebo "我将安慰"）指病人虽然获得无效的治疗，但却"预料"或"相信"治疗有效，而让病患症状得到舒缓的现象。有人认为这是一个值得注意的人类生理反应，但亦有人认为这是医学实验设计所产生的错觉。这个现象无论是否真的存在，科学家至今仍未能完全理解。

安慰剂效应于1955年由毕阙博士（Henry K.Beecher）提出，亦理解为"非特定效应"（non-specific effects）或受试者期望效应。

一个性质完全相反的效应亦同时存在——反安慰剂效应（nocebo effect）：病人不相信治疗有效，可能会令病情恶化。反安慰剂效应可以使用检测安慰剂效应相同的方法检测出来。例如一组服用无效药物的对照群组（control group），会出现病情恶化的现象。这个现象相信是由于接受药物的人士对于药物的效力抱有负面的态度，因而抵消了安慰剂效应，出现了反安慰剂效应。这个效应并不是由所服用的药物引起，而是基于病人心理上对康复的期望。

医务人员可以利用安慰剂，以激发病人的安慰剂效应。当对某种药

探索
科学
未解之谜
tansuokexuaeweijiezhimi

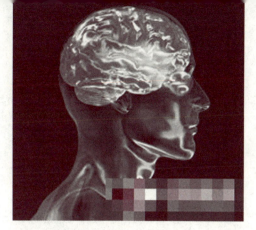

☆ 安慰剂效应之谜

坚信不移时，就可增强该药物的治疗效果，提高医疗质量。当某种新药问世，评价其疗效价值时，要把药物的安慰剂效应估计进去。如果某种新药的疗效与安慰剂的疗效经试用后，相差不大，没有显著的差异时，这种新药的临床使用价值就不大。这也就是为什么一些新药刚刚问世时，人们往往把它们当做灵丹妙药，而经过一段时间的使用后，其热潮消失、身价下降的原因。安慰剂效应在药物使用过程中比比皆是。甚至如心绞痛这样严重的器质性疾病，使用安慰剂也有三分之一以上的患者获得症状的改善，许多镇痛剂都具有明显的安慰剂效应。还有一些病人，在使用安慰剂时，也可出现恶心、头痛、头晕及嗜睡等药物副反应，这也属于安慰剂效应。

使用安慰剂时容易出现相应的心理和生理效应的人，被称为安慰剂反应者。这种人的人格特点是：好与人交往、有依赖性、易受暗示、自信心不足、好注意自身的各种生理变化和不适感、有疑病倾向和神经质。

安慰剂效应是一种不稳定状态，可以随疾病的性质、病后的心理状态、不适或病感的程度和自我评价，以及医务人员的言行和环境医疗气氛的变化而变化。所以，就出现了安慰剂效应有时明显，有时不明显，或根本没有的现象。我们应当记住，在病人中安慰剂效应是较易出现的，大约有35%的躯体疾病病人和40%的精神病病人都会出现此种效应。也正由于病人有此心理特点，才使江湖医生和巫医术士得以有活动市场，施展其术。

有报告记录到大约四分之一服用安慰剂的病人，例如声称可以医治背痛的安慰剂使有关痛症得到舒缓。这些痛症的舒缓，不单是靠病人报称，而是可以利用客观的方法检测得到。这个痛症改善的现象，并没有出现于非接受安慰剂的病人身上。由于发现了这个效应，政府管制机关规定新药必须通过临床的安慰剂对照（placebo-controlled）测试，方能获得认可。测试结果不单要证明患者对药物有反应，而且测试结果要与服用安慰剂的对照群组作比较，证明该药物比安慰剂更为有效。由于医生对有关疗程实用性的观感会影响其表现，亦可影响病人对疗程的观感。因此，此药物测试必须以双盲（double-blind）方式进行：医生及病人都不会知道该药物是否为安慰剂。

最近还发现，模拟手术也会出现相似的现象，所以，有部分的外科手术技术必须进行安慰剂对照研究（极少会以双盲方式进行，原因很明显）。为了使测试得到支持，药物测试群组会比安慰剂对照群组获得更好的待遇。几乎所有以这个对照方式进行的研究都显示安慰剂可改善病情。举例：Kahn公布了一项有关抗抑郁药的整合分析（meta-analysis），发现服用安慰剂的群组中出现自杀或企图自杀的情况下降了30%，而服用抗抑郁剂的群组则下降40%。

但是，一般研究项目都没有加设一个不接受任何治疗的群组作对照，因此很难推算出安慰剂效应实际的影响程度。"安慰剂效应"与"反安慰剂效应"的提出，到现在已超过五十年了，却仍然很明确地时常出现在实验的医疗情境里。而这种效应之所以会存在，就表示人与人之间的信任在医病关系中是非常重要的。因此"人性关怀"绝不能在医病沟通中缺席，医疗生态应该用心经营一个"信任及安心"的区块。

美国牙医约翰·杜斯在其27年行医生涯中，就常常遇到这种情况：一些牙痛患者在来到杜斯的诊所后便说："一来这里我的感觉就好多了。"其实他们并未说假话——因为

可能他们觉得马上会有人来处理他们的牙病了，从而情绪便放松了下来；也可能像参加了宗教仪式一样，当他们接触到医生的手时，病痛便得以缓解了……实际上，这和安慰剂所起的作用大同小异。

作为全美医疗作假委员会的创始人，杜斯医生对安慰剂研究的兴趣始于其对医疗作假案件的调查。他指出，牙医和其他医生一样，有时用误导或夸大医疗需求的办法来引诱病人买药或接受较费钱的手术。为了具体说明"安慰剂效应"究竟是怎么回事，他援引了美国医疗协会期刊刊登的有关末梢神经痛的研究成果。据悉，接受试验的人员分为四组：A组服用一种温和的镇痛药；B组服用色泽形状相似的假药；C组接受针灸治疗；而D组接受的是假装的针灸治疗。试验结果显示：四组人员的痛感均得以减轻，四种不同方法的镇痛效果并无明显差异。这说明，镇痛药和针灸的效果并不见得一定比安慰剂或安慰行为更为奏效。

实际上，人类使用安慰剂的历史已相当悠久。早在抗生素发明以前，医生们便常常给病人服用一些明知无用的粉末，而病人还满以为有了希望。不过最后，在其中某些病例中，病人果真奇迹般地康复了，有的甚至还平安地度过了诸如鼠疫、猩红热等

探索
科学
未解之谜
tansuokexuewejiezhini

"鬼门关"。

有一个典型的"安慰剂效应"的试验（请不要自己在家中做这个实验），在实验对象身上制造疼痛，然后使用吗啡控制这种疼痛。一天这样做几次，连续进行几天，直到实验的最后一天，用生理盐水取代吗啡溶液。猜猜发生了什么？像吗啡一样，生理盐水也有效地抑制了实验对象的疼痛。

这就是所谓的安慰剂效应：有时候，一些平常的东西会因为某种原因具有强大的威力。意大利图林大学的法布里齐奥·贝内代蒂在做上述实验时，在最后一天的生理盐水中加入了吗啡抗药物烯丙羟吗啡酮。出现了怎样的惊人结果呢？生理盐水抑制疼痛的能力消失了。几十年来，医生们都知道存在安慰剂效应，而烯丙羟吗啡酮的实验结果似乎显示，安慰剂效应在某种程度上是一种生化反应。但除此以外，人类对安慰剂效应一无所知。

后来，贝内代蒂又证明，用生理盐水做成的安慰剂还可以缓解帕金森病患者的震颤和肌肉僵直症状。在给病人注射生理盐水的同时，贝内代蒂和他的研究组对病人脑部的神经元活动进行了测量。他们发现，随着生理盐水的注入，病人丘脑下部的神经核团兴奋程度有所降低，神经元的"应激兴奋"次数也有所减少：生理盐水显然产生了效果。

贝内代蒂说，研究人员对在这一过程中究竟发生了什么事还不是很清楚，但有一点非常明确：大脑能够影响到身体的生化活动。他说："对治疗效果的期待和实际的治疗效果之间的关系是理解大脑和身体之间相互作用的一个很好模式。"

完全依赖于心理咨询中的实际效果，经实验证明很可靠和很有效的疗法之一是安慰剂效应。这种非常有力的现象凭借的是信念，即我们的健康好转是因为我们相信身体将要好转。

服用安慰剂"药物"的人相信那是真实的药物，因而果然能体验到疼痛或其他症状的显著减轻，尽管安慰剂并没有什么生物化学作用。安慰剂效应是一种非常强有力的现象，能使至少三分之一甚至更多的患者病症显著改善。安慰剂药物和安慰剂医疗过程已证明对一大批病症有效，包括长期性病痛、高血压、心绞痛、抑郁、精神分裂症甚至癌症，这是20世纪对神秘魔术、巫术、用水蛭放血、拜药王庙、仙丹等乱七八糟的疗法的实验继续。

安慰剂效应是我们心理预期能操控来自于身体的信号的明显例证。安慰剂只有在患者相信其作用时才会十分有效。如果心理医生说服患者相信这种治疗会使他们身体症状好转，或者提供安慰剂的方式能够增强其心理效果，安慰剂药物或医疗过程的效力会大大提高。举例来说，注射安慰剂比服用安慰剂通常效果要好，这是因为注射药物比吞服药片能产生更大的心理影响。研究发现，以药片的方式服用安慰剂时，其颜色、大小和形状都会影响其效果。

产生安慰剂效应的心理和生理机制相当复杂，还没有得到很好的了解。一些科学家认为，这是大脑在紧张时释放的内啡肽等缓解疼痛的吗啡类化学物质所起的作用。其他科学家则认为，这是某种形式的条件反射作用。不论产生安慰剂效应是哪种机制，精神作用无疑是起着非常关键的作用。

在现实生活中"安慰剂效应"随处可见。几个很少接触乡村环境的城里人到野外郊游，到达山腰时，他们为眼前清澈的泉水、碧绿的草地和迷人的风景所深深吸引。休息时，其中一人很高兴地接过同伴递过来的水壶喝了一口水，情不自禁地感叹道：山里的水真甜，城里的水跟这儿真是没法比。水壶的主人听罢笑了起来，他说，壶里的水是城市里最普通的水，是出发前从家里的自来水管接的。这种现象说明，我们在对现实进行分析的时候，很明显地掺杂了很多个人因素，包括我们的期望、经验和信念等。

现在，研究人员还需要识别安慰剂在什么时候、在什么地方能够发挥作用。也许安慰剂对某些疾病不会产生作用；也许在不同的疾病之间存在某种共同机理。这些问题迄今还没有答案。

心理暗示

心理暗示，是指人接受外界或他人的愿望、观念、情绪、判断、态度影响的心理特点。是人们日常生活中，最常见的心理现象。它是人或环境以非常自然的方式向个体发出信息，个体无意中接受这种信息，从而做出相应的反应的一种心理现象。心理学家巴甫洛夫认为：暗示是人类最简单、最典型的条件反射。从心理机制上讲，它是一种被主观意愿肯定的假设，不一定有根据，但由于主观上已肯定了它的存在，心理上便竭力趋向于这项内容。我们在生活中无时不在接收着外界的暗示。比如，电视广告对购物心理的暗示作用。

暗示是潜意识对外界任何现象（包括听到、看到的一切）以及任何显意识行为（也就是思考）的认同、接收和储存。暗示不具有分辨力，无论有没有反对的声音存在，暗示都会产生效果。权威的暗示会出现良好的暗示效果，但没有任何权威性的暗示（从你在街上看到的陌生的面孔到异端邪说等）仍然会产生暗示效果。权威性与暗示效果的好坏有关系，与暗示的有无无关。这也说明暗示的无选择性。

植物和人一样有情感吗？

　　在传统的观念中，人们都认为植物是没有感觉和情感的生物。但是，有科学家逐步发现，这种观点并不正确，植物和人一样具有感觉和情感，只是植物的表达方式有限，因此，它的情感无从被人知晓……植物也有喜怒哀乐，也有厌恶和反感，喜悦和愉快，它们在用自己的特殊的方式表达着这些情感信息——这一切都是真的吗？如果这样的话，我们人类在植物面前似乎就要小心了。

植物也和人一样具有情感，只是它们无法表达。这个问题初看之下好像有点离奇，可是近些年来，有些人在这方面竟取得了很大的成果，引起了人们的普遍关注。

　　美国有一个具有通灵本领的人，名字叫维维利·威利，她曾做过这样一个试验：她从公园里摘回两片虎耳草的叶子，一片放在床头柜上，一片放在起居室里。她每天起床，都要看看床边的叶子，祝愿它继续活着，对另一片叶子则根本不予理睬。一个月后，她不闻不问的那片叶子已萎缩变黄，开始干枯；可是她每天注意的那片叶子不但仍然活着，而且就像刚从公园里摘下来时一样。似乎有某种力量公然蔑视自然法则，使叶子保持健康状态。

　　美国加利福尼亚洛斯加托斯国际

通用机器公司的化学师马塞尔·沃格尔按照威利的办法，从树上摘下三片榆树叶，放到床边的一个碟子里。每天早饭前，他都要集中一分钟思想，注视碟子中的两片叶子，劝勉它们继续活下去，对中间那片叶子不予以理睬。一周后，中间的一片叶子已变黄枯萎，另两片仍然青绿，样子健康。

☆ 植物也有情感

☆ 植物情感之谜

使沃格尔更感兴奋的是，活着的两片叶子的小茎，由于摘自树上而留的伤痕似乎已经愈合。

这两件事给植物学家沃格尔以很大的鼓舞，他想，人的精神力量可以使一片叶子超过它的生命时间保持绿色，那这种力量会不会被植物利用呢？他通过将植物切片细胞放大三百倍，并用心灵去观察，去感应这些细胞的活动，结果他发现有某种更高的灵气在指引着它，说明植物可以获知人的意图。但不同的植物对人意识的反应也不同。就拿海芋属的植物来说吧，有的反应较快，有的反应较慢，有的很清楚，有的则模糊不清。仅整株植物是这样，就其叶子来说，也是各自具有特性和个性，电阻大的叶子特别难与之合作，水分大的新鲜叶子最好。植物似乎有它的活动期和停滞期限，只能在某些天的某个时候才能充分进行反应，其他时间则"不想动弹"或"脾气不好"。

1971年沃格尔开始了新的实验，看能否获得海芋属植物进入与人沟通联系的准确时刻。他将电流计连在一株海芋植物上，然后他站在植物面前，深呼吸，手指伸开几乎触到植物。同时，他开始向植物倾注一种像对待友人一样的亲密感情。他每次做这样的实验时，图表上的笔录都发生一个向上的波动，他能感到在他手心里，某种能量从植物身上发出来。过了3～5分钟沃格尔再进一步表示这种感情，却未引起植物的进一步行动，好像对他的热情反应它已放出全部能量。沃格尔认为，他和海芋植物反应似乎与他和爱人或挚友间的感情反应有同样的规律，即相互反应的热烈情绪引起一阵阵能量的释放，直到最后耗尽，必须得到重新补充。

沃格尔在一个苗圃里发现，他用双手在一群植物上抚摸，直到手上感到某种轻微的凉意为止。用这种办法，他可以轻而易举地把一株特别敏感的植物拔出来。凉意是一系列电脉冲所致，表明其中存在一个很大的场。

沃格尔在另一次试验中，将两株植物用电线连在同一部记录器上。他从第一株上剪下一片叶子，第二株植物对它的同伴的伤痛做出了反应。不过这种反应只有当沃格尔注意它时才能有。如果他剪下这片叶子不去看第二株时，它就没有反应。这就好像沃格尔同植物是一对情人，坐在公园的凳子上，根本不留意过路行人。只要有一个人注意到别人时，另一个人的注意力也会分散。

沃格尔清楚地看到，在一定程度上集中注意力，是监测植物的必需条件。如果他在植物前格外集中精神，而不是在通常的精神状态下希望植物愉快，祝福它健康成长，那么植物就从萎靡状态下苏醒。在这方面，人和植物似乎互相影响，作为一个统一体，两者对事件的发生或者对第三者的意识，可以从植物的反应中记录下来。

沃格尔发现，植物是活生生的物体，有意识，占据空间。用人的标准来看，它们是瞎子、聋子、哑巴，但毫不怀疑它们在面对人的情绪时，是极为敏感的工具。它们放射出有益于人类的能动力量，人们可以感觉到这种力量。它们把这种力量送给某个人的特定的能量场，人又反过来把能量送给植物。既然人可以同植物进行心灵的沟通，那么人可不可以化入植物之中呢？早在16世纪，德国有位名叫雅可布·贝姆的方士就声称他有这种功能。当他看一株植物时，可以突然将意念与植物融成一体，成为植物的一部分，觉得生命在"奋力向着光明"。他说此时他同植物的单纯的愿意相同，并且与愉快生长的叶子共享水分。

在同植物进行感情交流时，千万不能伤害植物的感情。沃格尔请一位心理学家在15英尺外对一株海芋属植物表示强烈的感情。试验时，植物作出了不断的强烈反应，然后突然停止了。活格尔问他心中是否出现什么样想法，他说他拿自己家里的海芋属植物和沃格尔的做比较，认为沃格尔的远比不上他自己的。显然这种想法刺伤了沃格尔的海芋植物的"感情"。在这一天里，它再也没有反应，事实上两周内都没有反应。这说明，它对那位心理学家是有反感的。

沃格尔发现，植物对谈论性比较敏感。一次，一些心理学家、医生和计算机程序工作人员在沃格尔家里围了一圈谈话，看植物有什么反应。谈了大约一个小时，植物都没有反应。当有人提出谈谈性问题时，仪器上的图迹发生了剧烈的变化。他们猜测，谈论性可以激发某种植物性的能量。在远古时代，人类祈祝丰产时，在新播种的地里进行性交，可以刺激植物的生长。原始人可能意识到了什么。

另外，植物对在烛光室里讲鬼怪故事也有反应。在故事的某些情节中，例如"森林中鬼屋子的门缓缓打开"，或者"一个手中拿刀子的怪人突然在角落出现"，或者"查尔斯弯下身打开棺材盖子"等等，植物似乎特别注意。沃格尔的研究和事实证明，植物也可以对在座人员虚构想象力的大小作出反应。

沃格尔的研究为植物界打开了一个新领域。植物王国似乎能够揭示出任何恶意或善意的信息，这种信息比用语言表达的更为真实。这种研究，其意义无疑是深远的，但是这一发现是否真实，怎样进一步开发它，让它为人类服务，还是一个远未解决的问题。

· 扩展阅读 ·

植物与音乐

科学研究表明，音乐是一种有节奏的弹性机械波，它的能量在介质中传播时，还会产生一些化学效应和热效应。当音乐对植物细胞产生刺激后，会促使细胞内的养分受到声波振荡而分解，并让它们能在植物体内更有效地输送和吸收。这一切都有助于植物的生长发育并使它增产。我国一些科学家通过研究发现：在一般情况下，苹果树中的养料输送速度是每小时平均几厘米；在和谐的钢琴曲刺激下，速度提高到了每小时一米以上。科学家还发现，适当的声波刺激会加速细胞的分裂，分裂快了自然就长得快，长得大。

不过任何事都有个限度，中国有句成语叫"过犹不及"，说的就是这个意思。过强的声波也是这样，不但

无益反而有害，它会使植物细胞破裂以至坏死，噪声的破坏力当然更大。美国科学家曾做过某种"对照实验"，把20多种花卉均分成两组，分别放置在喧闹与幽静两种不同环境中，进行观察对比。结果表明，噪音的影响能使花卉的生长速度平均减慢百分之四十左右。人们还发现这样的现象，在噪声强度为140分贝以上的喷气式飞机机场附近，农作物产量总是很低，有不少农作物甚至会枯萎，同样是这个道理。

许多人还指出摇滚乐对动植物有巨大危害，美国的科学家曾做过一些实验：在摇滚乐作用下，植物会枯萎下去，动物会渐渐丧失食欲。它对人的危害也相当厉害，不仅能导致人听力下降、精神萎靡或诱发出胃肠溃疡等疾病，甚至有人认为有些地区（如美国）青年人自杀率增高，闹事频繁，都与摇滚乐的风行有关。

☆ 美丽的花朵也有着情感

探索
科学
未解之谜
tansuokexuaweijiezhimi

人类的意识是如何产生的?

17世纪的法国哲学家笛卡尔有一句名言:"我思故我在。"可以看出,意识在很长时间里都是哲学讨论的话题。现代科学认为,意识是从大脑中数以亿计的神经元的协作中涌现出来的。但是这仍然太笼统了,具体来说,神经元是如何产生意识的? 近年来,科学家已经找到了一些可以对这个最主观和最个人的事物进行客观研究的方法和工具,并且借助大脑损伤的病人,科学家得以一窥意识的奥秘。除了要弄清意识的具体运作方式,科学家还想知道一个更深层次问题的答案:它为什么存在,它是如何起源的?

要研究意识问题,首先就要知道哪些东西需要我们去解释。当然,我们大体上都知道什么是意识。但遗憾的是,仅仅如此是不够的。心理学家常向我们表明,有关心理活动的常识可能把我们引入歧途,显然,第一步就是要弄清楚多年来心理学家所认定的意识的本质特征。当然,他们的观点未必完全正确,但至少他们对此问题的某些想法将为我们提供一个出发点。

既然意识问题是如此重要和神秘,人们自然会期望,心理学家和神经科学家就应该把主要精力花在研究意识上。但事实远非如此。大多数现代心理学家都回避提及这一问题,尽管他们的许多研究都涉及意识。而大多数现代神经科学家则完全忽略这一问题。

情况也并非总是这样。大约在19世纪后期,当心理学开始成为一门实验科学的时候,就有许多人对意识问题怀有极大的兴趣,尽管这个词的确切含义当时还不太清楚。那时研究意识的主要方法就是进行详细的、系统的内省,尤其是在德国。人们希望,在内省成为一项可靠的技术之前,通过对它的精心改进而使心理学变得更加科学。

美国心理学家威廉·詹姆斯较详尽地讨论了意识问题。在他1890年首次出版的巨著《心理学原理》一书中,描述了被他称为"思想"的五种特性。他写道,每一个思想都是个

☆ 著名的精神学派创始人弗洛伊德

探索科学未解之谜
tansuokexueyjiezhimi

人意识的一部分。思想总是在变化之中，在感觉上是连续的，并且似乎可以处理与自身无关的问题。另外思想可以集中到某些物体而移开其他物体。换句话说，它涉及注意。关于注意，他写下了这样一段经常被人引用的话："每个人都知道注意是什么，它以清晰和鲜明的方式，利用意向从若干个同时可能出现的物体或一系列思想中选取其中的一个……这意味着舍掉某些东西以便更有效地处理另外一些。"

在19世纪，我们还可以发现意识与记忆紧密联系的想法。詹姆斯曾引用法国人查尔斯·理查德1884年的

一段话："片刻的苦痛微不足道，对我而言，我宁愿忍受疼痛，哪怕它是剧烈的，只要它持续的时间很短，而且，在疼痛过去之后，永远不再出现并永远从记忆中消失。"并非脑的全部操作都是有意识的。许多心理学家相信，存在某些下意识或潜意识的过程。例如，19世纪德国物理学家和生理学家赫尔曼·冯·亥姆霍兹在谈到知觉时就经常使用"无意识推论"这种术语，他想借此说明，在逻辑结构上，知觉与通常推论所表达的含义类似，但基本上又是无意识的。

20世纪初期，潜意识和无意识的概念变得非常流行，特别是在医学界。这主要是因为弗洛伊德（Freud）、荣格（Jung）及其合作者给医学赋予了某种性的情趣。按现代的标准看，弗洛伊德不能算作科学家，而应该被视为既有许多新思想，又有许多优秀著作的医生。

正因为如此，他成为精神分析学派的奠基人。

早在一百年前，三个基本的观点就已经盛行：

1.并非大脑的全部操作都与意识有关。

2.意识涉及某种形式的记忆，可能是极短时的记忆。

3.意识与注意有密切的关系。

但不幸的是，在心理学研究中

兴起了一场运动，它否定意识的应用价值，把它看成是一个纯心理学概念，这部分原因是由于涉及内省的实验不再是研究的主流，另一方面，人们希望通过研究行为，特别是动物的行为，使心理学研究更具科学性。因为，对实验者而言，行为实验具有确定的观察结果。这就是行为主义运动，它回避谈论精神事件。一切行为都必须用刺激和反应去解释。

约翰·沃森（John B.Watson）等人在第一次世界大战前发起的这场行为主义运动，在美国盛行一时，并且由于以斯金纳（B.F.Skinner）为代表的许多著名鼓吹者的影响，该运动在上世纪三四十年代达到顶峰。尽管在欧洲还存在以格式塔（Gestalt）为代表的心理学派，但至少在美国，直至20世纪50年代后期和20世纪60年代认知心理学成为受科学界尊重的学科之前，心理学家从不谈论精神事件。在此之后，才有可能去研究视觉意象，并且在原来用于描述数字计算机行为的概念基础之上，提出各种精神过程的心理学模型。即便如此，意识还是很少被人提及，也很少有人去尝试区分脑内的有意识和无意识活动。

神经科学家在研究实验动物的大脑时也是如此，神经解剖学几乎都是研究死亡后的动物（包括人类），而神经生理学家大都只研究麻醉后丧失意识的动物，此时受试对象已不可能具有任何痛苦的感觉了。特别是20世纪50年代后期，戴维·休伯（David Hubel）和托斯滕·威塞尔（Torsten Wiesel）作出划时代的发现以后，情况更是如此。他们曾发现，麻醉后的猫大脑视皮层上的神经细胞，对入射到其眼内的光照模式呈现一系列有趣的反应特性。尽管脑电波显示，此时猫处于睡眠而非清醒的状态。由于这一发现及其后的工作，他们获得了1981年诺贝尔奖。

要研究清醒状态下动物脑神经反应的特性，是一件更加困难的事情（此时不仅需要约束头部运动，还要禁止眼动或详细记录眼动）。因此，很少有人做比较同一个大脑细胞在清醒和睡眠两种状态下，对同一视觉信号的反应特性的实验。传统的神经科学家回避意识问题，这不仅仅是因为实验上的困难，还因为他们认为这一问题太具哲学味道，很难通过实验加以观测。一个神经科学家要想专门去研究意识问题，很难获得资助。

生理学家们至今还不大关心意识问题，但在近几年，某些心理学家开始涉及这一问题。他们的共同点，就是忽视神经细胞或者说对它们缺少兴趣。相反，他们主要想用标准的心理学方法对理解意识作出贡献。他们把大脑视为一个不透明的"黑箱"，我们只知道它的各种输入（如感觉输入）所产生的输出（它产生的行为）。他们根据对精神的常识性了解和某些一般性概念建立模型。该模型使用工程和计算术语表达精神。

现任普林斯顿大学心理系教授的菲力普·约翰逊-莱尔德是一位杰出的英国认知心理学家。他主要的兴趣是研究语言，特别是字、语句和段落的意义。

这是仅人类才有的问题，约翰逊-莱尔德不大注意大脑是不足为奇的。因为我们有关灵长类大脑的主要信息是从猴子身上获得的，而它们并没有真正的语言，他的两部著作《心理模型》和《计算机与思维》着眼点是放在怎样描述精神的问题（大脑的活动）以及现代计算机与这一思维的关系。他强调指出，大脑具有高度并行的机制（即数以万计的过程可以同时进行），但它做的多数工作我们是意识不到的。

约翰逊-莱尔德确信，任何一台计算机，特别是高度并行的计算机，必须有一个操作系统用以控制（即使不是彻底的控制）其余部分的工作，他认为，操作系统的工作与位于脑的高级部位的意识之间存在着紧密的联系。

普林斯顿大学语言学和认知学教授雷·杰肯道夫是一位著名的美国认知科学家。他对语言和音乐具有特殊的兴趣。与大多数认知科学家类似，他认为最好把脑视为一个信息加工系统。但与大多数科学家不同的是，他把"意识是怎样产生的"看做是心理学的一个最基本的问题。

意识的中间层次理论认为，意识既不是来自未经加工的知觉单元，也不是来自高层的思想，而是来自介于最低的周边（类似于感觉）和最高的中枢（类似于思想）之间的一种表达层次。他恰当地突出了这个十分新颖的观点。

与约翰逊-莱尔德类似，杰肯道夫在很大程度上也受到脑和现代计算机之间类比的影响。他指出，这种类比可以带来某些直接的好处。比如，计算机中存储了大量信息，但在某一时刻，只有一小部分信息处于活动状态。大脑中亦是如此。

然而，并非大脑的全部活动都是有意识的。因此，他不仅仅在脑和思维之间，而且在脑（计算思维）与所谓的"现象学思维"（大体指我们所能意识到的）之间作了严格的区分。他同意约翰逊-莱尔德的观点，我们意识到的只是计算的结果，而非计算本身。他还认为，意识与短时记忆之间存在紧密的联系。他所说的"意识需要短时记忆的内容来支持"这句话就表达了这样一种观点。但还应补充的是，短时记忆涉及快速过程，而慢变化过程没有直接的现象学效应。谈到注意时他认为，注意的计算效果就是使被注意的材料经历更加深入和细致的加工。他认为这样就可以解释为何注意容量如此有限。

杰肯道夫与约翰逊－莱尔德都是功能主义者。正如在编写计算机程序时并不需要了解计算机的实际布线情况一样，功能主义者在研究大脑的信息加工和大脑对这些信息执行的计算过程时，并没有考虑到这些过程的神经生物学实现机制。他们认为，这种考虑是无关紧要的，至少目前为时过早。

然而，在试图揭示像大脑这样一个极端复杂的装置的工作方式时，这种态度并没有什么好处。为什么不打开黑箱去观察其中各单元的行为呢？处理一个复杂问题时，把一只手捆在背后是不明智的。一旦我们了解了大脑工作的某些细节，功能主义者关心的高层次描述就会成为考虑大脑整体行为的有用方法。这种想法的正确性可以用由低水平的细胞和分子所获得的详细资料精确地加以检验。高水平的尝试性描述应当被看做是帮助我们阐明大脑的复杂操作的初步向导。

加利福尼亚州伯克利的赖特研究所的伯纳德·巴尔斯教授写了《意识的认知理论》一书，虽然巴尔斯也是一位认知科学家，但与杰肯道夫或约翰逊－莱尔德相比，他更关心人的大脑。

他把自己的基本思想称为全局工作空间。他认为，在任一时刻存在于这一工作空间内的信息都是意识的内容。作为中央信息交换的工作空间，它与许多无意识的接收处理器相联系。这些专门的处理器只在自己的领域之内具有高效率。此外，它们还可以通过协作和竞争获得工作空间。巴尔斯以若干种方式改进了这一模型。例如，接收处理器可以通过相互作用减小不确定性，直到它们符合一个唯一有效的解释。

广义上讲，他认为意识是极为活跃的，而且注意控制机制可进入意识。我们意识到的是短时记忆的某些项目而非全部。

这三位认知理论家对意识的属性大致达成了三点共识。他们都同意并非大脑的全部活动都直接与意识有关，而且意识是一个主动的过程；他们都认为意识过程有注意和某种形式的短时记忆参与；他们大概也同意，意识中的信息既能够进入到长时情景记忆中，也能进入运动神经系统的高层计划水平，以便控制随意运动。除此之外，他们的想法存在着这样那样的分歧。

【青少年探索·发现之旅丛书】

◎ 出版策划　　勝書堂文化

◎ 责任编辑　　宋永军

◎ 文稿提供　　永佳世图

◎ 封面设计　　红十月设计室

◎ 图片提供　　全景视觉

　　　　　　　图为媒

　　　　　　　上海微图网络科技有限公司